Propósito
40 dias
Conhecendo
JESUS

Patrícia Pimentell

Propósito
40 dias
Conhecendo
JESUS

São Paulo, 2022

Propósito – 40 dias conhecendo Jesus

Copyright © 2022 by Patrícia Pimentell
Copyright © 2022 by Editora Ágape Ltda.

EDITOR: Luiz Vasconcelos
COORDENAÇÃO EDITORIAL: SSegovia Editorial
PREPARAÇÃO: Deborah Stafussi
REVISÃO: Silvia Segóvia
CAPA: Cyber Panda - Leu Guilherme
COMPOSIÇÃO DA LEIAUTE: Stéfano Stella
MAKE E FOTOS: Segredos de Maria – Maria Eduarda Campagna
PROJETO GRÁFICO E DIAGRAMAÇÃO: Manoela Dourado

Texto de acordo com as normas do Novo Acordo Ortográfico da Língua Portuguesa (1990), em vigor desde 1o de janeiro de 2009.

Dados Internacionais de Catalogação na Publicação (CIP)
Angélica Ilacqua CRB-8/7057

Pimentell, Patrícia
Propósito : 40 dias conhecendo Jesus / Patrícia Pimentell. --
Barueri, SP : Ágape, 2022.
208 p.

1. Jesus Cristo - Meditações I. Título

22-5242   CDD 232

Índice para catálogo sistemático:
1. Jesus Cristo

EDITORA ÁGAPE LTDA.
Alameda Araguaia, 2190 – Bloco A – 11º andar – Conjunto 1112
CEP 06455-000 – Alphaville Industrial, Barueri – SP – Brasil
Tel.: (11) 3699-7107 | Fax: (11) 3699-7323
www.editoraagape.com.br | atendimento@agape.com.br

Agradecimento

Em primeiro lugar, quero dedicar este livro ao maior amor da minha vida, ao meu noivo, meu amado, meu marido, meu melhor amigo, meu Salvador, meu Senhor, meu advogado, o amado da minha alma, que é Jesus Cristo! Eu posso falar com toda alegria do meu coração que Ele me escolheu primeiro, Ele me amou primeiro e Ele me chamou para servi-lo, para amá-lo e para ter uma vida que nunca imaginei nem nos meus maiores e melhores sonhos que eu poderia viver, porque não se trata de uma vida na carne, se trata de uma vida no espírito. Quero dedicar toda honra, toda glória e todo louvor a Ele hoje e sempre, porque sem Ele eu não existiria e muito menos este livro.

Também quero agradecer aos meus pais Elenita e Gesse por serem instrumento de Deus para me trazer ao mundo; ao meu irmão Paulo Henrique; minhas irmãs Paula, Paulinha e Sarah, por todo amor e carinho de sempre; aos meus sobrinhos Adauto Junior, Valentina e Kalel; ao meu amigo Leu Guilherme e à minha irmã em Cristo Évila Fonseca, que inclusive escreveu o prefácio deste livro, e toda sua família, seu esposo Cleverson e seus filhos Evelin e João, que foram fundamentais em todo processo.

Toda gratidão do meu coração também a todos que fazem parte do ministério que Deus confiou a mim, os *Embaixadores da Presença*.

É com muita alegria que convido você para o fascinante e lindo mergulho que é o livro *Propósito – 40 dias conhecendo Jesus,* sobre a pessoa mais importante da sua vida.

Sumário

Prefácio, p. 9
Introdução, p. 11

DIA 1. Obediência, p. 19
DIA 2. Santidade, p. 22
DIA 3. Humildade, p. 26
DIA 4. Mansidão, p. 30
DIA 5. A simplicidade de Jesus, p. 34
DIA 6. Gratidão, p. 38
DIA 7. A suficiência de Jesus, p. 43
DIA 8. O alívio de Jesus, p. 47
DIA 9. Jesus é o nosso resgatador, p. 51
DIA 10. O perdão de Jesus, p. 55
DIA 11. Jesus é o primeiro, p. 61
DIA 12. Como buscar Jesus?, p. 65
DIA 13. Os hábitos de Jesus, p. 70
DIA 14. O poder de Jesus, p. 74
DIA 15. A dependência de Jesus, p. 78
DIA 16. Jesus, nosso redentor, p. 82
DIA 17. À espera de Jesus, p. 86
DIA 18. A entrega de Jesus, p. 90
DIA 19. A confiança de Jesus, p. 94
DIA 20. A excelência de Jesus, p. 98

DIA 21. A paz de Jesus, p. 102
DIA 22. Quem é Jesus?, p. 106
DIA 23. Seguir Jesus, p. 111
DIA 24. Intimidade com Jesus, p. 115
DIA 25. Jesus e o Espírito Santo, p. 120
DIA 26. As misericórdias de Jesus, p. 124
DIA 27. A graça de Jesus, p. 129
DIA 28. Os milagres de Jesus, p. 133
DIA 29. Jesus é aquele que DÁ, p. 138
DIA 30. O ouvido de Jesus, p. 142
DIA 31. A aliança de Jesus, p. 146
DIA 32. Jesus é a verdade!, p. 150
DIA 33. A fidelidade de Jesus!, p. 154
DIA 34. A alegria de Jesus!, p. 159
DIA 35. Jesus é a palavra!, p. 163
DIA 36. O amor de Jesus!, p. 168
DIA 37. A noiva de Jesus Cristo!, p. 173
DIA 38. Jesus é o Pão da vida!, p. 177
DIA 39. A vontade de Jesus!, p. 181
DIA 40. A volta de Jesus!, p. 186

Conclusão, p. 191
Testemunhos, p. 195

Prefácio

"Tudo tem o seu tempo determinado, e há tempo para todo o propósito debaixo do céu."
(Eclesiastes 3:1)

Querido(a) leitor(a),
Nada acontece por acaso. Este livro chegou em suas mãos no dia e hora determinados por Deus para mudar completamente a história da sua existência e trazer um propósito eterno para sua vida.

Esta obra foi escrita por Patrícia Pimentell, uma mulher ungida e separada, pastora, discípula, amiga, empreendedora e irmã que tem se esforçado diariamente para ter uma vida de rendição e obediência ao senhorio de Cristo. Através do posicionamento dela e de sua incessante busca pela presença de Deus, uma geração de mulheres, homens, crianças e idosos tem tido suas vidas totalmente transformadas.

"No primeiro dia da semana, bem cedo, estando ainda escuro, Maria Madalena chegou ao sepulcro e viu que a pedra da entrada tinha sido removida."
(João 20:1)

A maior parte das páginas deste livro foi gerada na busca pelo Senhor nas madrugadas através das *lives* no Instagram às 4h40 da manhã, com o tema *Conhecendo Jesus*, quando, assim como Maria, uma geração de adoradores acordava cedo todos os dias para buscar conhecer mais ao Senhor.

> "Invoca-me, e te responderei; anunciar-te-ei coisas grandes e ocultas, que não sabes."
> **(Jeremias 33:3)**

Que a partir deste momento, antes de você iniciar a leitura deste livro, independentemente se você é cristão há muitos anos, iniciante, incrédulo ou ainda não conhece Jesus, que você feche os seus olhos e faça uma oração sincera pedindo a Ele que abra o seu coração e olhos para que você possa conhecê-lo verdadeiramente e assim como Jó chegar ao final desta leitura declarando:

> "Antes eu te conhecia só por ouvir falar, mas agora eu te vejo com os meus próprios olhos."
> **(Jó 42:5)**

Nosso desejo é que você conheça intimamente Jesus e prossiga conhecendo-o cada dia mais e mantenha uma vida de amor, obediência e tempo de secreto a sós com o Pai celestial.

Évila Fonseca

Introdução

A maioria de nós ama conhecer outras pessoas, suas histórias de vida, o que podemos aprender e ser inspirados com cada uma das novas pessoas que conhecemos. Ao longo da minha vida fui percebendo como cada pessoa é única, como não dá para viver uma vida de comparações e como Deus tem um plano, um projeto único para cada uma delas.

Estudando a Palavra de Deus percebi uma verdade nua e crua; foi um grande choque para mim quando recebi a revelação dessa palavra: "Não se deixem enganar: As más companhias corrompem os bons costumes" (1 Coríntios 15:33). Sim, as más companhias nos corrompem, nos influenciam e podem nos levar para um lugar muito ruim.

Então precisei entender o quanto é importante conhecermos as pessoas, porém, mais importante que conhecer é saber escolher as pessoas com quem vamos caminhar junto, ter comunhão, intimidade e um relacionamento.

Percebi também o quanto gastamos nosso precioso tempo ao longo da nossa vida buscando relacionamentos e amigos que são fiéis, íntegros e leais, porém na maioria das vezes nos frustramos e nos decepcionamos, até o dia que entendi que a pessoa mais importante e a quem eu preciso conhecer de fato e de verdade é a pessoa de Jesus Cristo. Sim, Jesus precisa ser meu melhor amigo, eu preciso dedicar tempo para conhecer aquele que é o Salvador da minha vida, o meu advogado, a minha rocha, o meu alicerce, o meu socorro, o meu Senhor, o meu libertador. De Gênesis a Apocalipse, Jesus é a figura central da Bíblia.

Depois que Jesus veio à Terra, o mundo nunca mais foi o mesmo. Jesus é o nome mais pesquisado no Google, Jesus é o primogênito, o primeiro filho de Deus, e conhecê-lo é a maior necessidade da nossa vida, porque toda felicidade e plenitude que buscamos em tantas outras coisas simplesmente estão em Jesus.

Comecei a observar o quanto de tempo gastamos com coisas que não nos levam a nada e a lugar nenhum, o quanto desperdiçamos de tempo na internet, querendo conhecer artistas, atores, cantores, *influencers*, o quanto gastamos de tempo com séries, com a televisão e com tantas outras coisas que só nos deixam vazios, tristes, deprimidos, depressivos e frustrados.

O Espírito Santo começou a queimar em meu coração sobre a grande necessidade que temos de conhecer Deus de maneira mais profunda, conhecer Jesus e ter intimidade de fato e de verdade com o Espírito Santo, não apenas conhecer de ouvir falar, mas como Jó nos ensina, conhecê-lo de caminhar junto, face a face.

Exatamente na Páscoa de 2022, essa necessidade ficou ainda mais intensa em mim, e foi quando o Espírito Santo começou a falar profundamente ao meu coração sobre o verdadeiro significado da Páscoa – é passagem, passagem da morte para a vida, da escravidão para a libertação, a profundidade da ressurreição de Jesus. Então, descobri o quanto ainda precisava conhecer sobre Ele.

Veio a grande revelação de Deus: "Filha, vou te mudar de nível, quero te levar para um nível ainda mais profundo de intimidade e comunhão comigo, mas para isso você precisa conhecer mais sobre Jesus". Assim, veio o propósito dos 40 dias conhecendo mais sobre Jesus.

O número 40 tem muitos fatos na Bíblia. Veja alguns deles:

No dilúvio choveu 40 dias e 40 noites (Gênesis 7:4, 12, 17)

> "Porque, daqui a sete dias, farei chover sobre a terra durante quarenta dias e quarenta noites; e da superfície da terra exterminarei todos os seres que fiz."

A duração da espionagem da terra prometida foi de 40 dias (Números 13:25)

> "Ao cabo de quarenta dias, voltaram de espiar a terra."

O povo de Israel permaneceu peregrinando 40 anos no deserto (Números 14:34)

> "Segundo o número dos dias em que espiastes a terra, quarenta dias, cada dia representando um ano, levareis sobre vós as vossas iniquidades quarenta anos e tereis experiência do meu desagrado."

Quem era culpado de promover contenda recebia 40 açoites (Deuteronômio 25:3)

> "Quarenta açoites lhe fará dar, não mais; para que, porventura, se lhe fizer dar mais do que estes, teu irmão não fique aviltado aos teus olhos."

Moisés passou dois períodos de 40 dias em jejum na presença de Deus no monte (Deuteronômio 9:9-18)

> "Subindo eu ao monte a receber as tábuas de pedra, as tábuas da aliança que o Senhor fizera convosco, fiquei no monte quarenta dias e quarenta noites; não comi pão, nem bebi água."

A vida de Moisés foi dividida em três períodos de 40 anos:
40 anos no Egito (Atos 7:23)
40 anos na terra de Midiã (Atos 7:29-30)
40 anos no deserto (Atos 7:36).

Elias permaneceu 40 dias sem comer (1 Reis 19:8)

> "Levantou-se, pois, comeu e bebeu; e, com a força daquela comida, caminhou quarenta dias e quarenta noites até Horebe, o monte de Deus."

Jesus jejuou 40 dias e 40 noites (Mateus 4:2)

> "E, depois de jejuar quarenta dias e quarenta noites, teve fome."

Davi reinou 40 anos sobre Israel (2 Samuel 5:4)

> "Da idade de trinta anos era Davi quando começou a reinar; e reinou quarenta anos."

O reinado de Salomão Foi também de 40 anos (1 Reis 11:42)

> "Foi de quarenta anos o tempo que reinou Salomão em Jerusalém sobre todo o Israel."

Nínive teve um prazo de 40 dias para se arrepender com a pregação de Jonas (Jonas 3:4)

> "Começou Jonas a percorrer a cidade caminho de um dia, e pregava, e dizia: Ainda quarenta dias, e Nínive será subvertida."

Jesus, depois de ressuscitado, permaneceu com os seus discípulos 40 dias (Atos 1:3)

> "A estes também, depois de ter padecido, se apresentou vivo, com muitas provas incontestáveis, aparecendo-lhes durante quarenta dias e falando das coisas concernentes ao reino de Deus."

E foi exatamente por causa desses 40 dias que Jesus passou com os discípulos depois da sua ressurreição que Deus me deu esse propósito e este livro.

De todas as pessoas que podemos conhecer na Terra, a mais importante, a que nunca vai nos decepcionar, nunca irá nos abandonar, é Jesus Cristo, e com certeza absoluta é quem verdadeiramente necessitamos conhecer.

E só assim recebi a verdadeira revelação da palavra: "O meu povo está sendo destruído, porque lhe falta o conhecimento. Porque tu, sacerdote, rejeitaste o conhecimento, também eu te rejeitarei, para que não sejas sacerdote diante de mim; visto que te esqueceste da lei do teu Deus, também eu me esquecerei de teus filhos" (Oséias 4:6).

Eu passei tanto tempo da minha vida querendo conhecer várias coisas do mundo, várias pessoas famosas, estudando sobre assuntos diversos como geografia, história, economia, idiomas, física, química, *coaching*, recursos humanos, *business* e entre tantos outros assuntos e não percebia que, o que realmente importava que eu conhecesse eu não conhecia e não permanecia buscando conhecer, foi então que percebi que muitas vezes que eu verdadeiramente quebrei minha cara, errei, me machuquei e sofri muito, foi exatamente por falta de conhecimento de quem Jesus é, e qual a maneira certa de agir.

Portanto, hoje quero te dar um conselho, não perca mais um minuto da sua vida sem conhecer Jesus, debruce sobre este livro e não pare, faça seu devocional diariamente, leia a Bíblia todos os dias, ore todos os dias, jejue sempre que possível e se prepare para viver a maior e mais alegre revolução da sua vida, porque eu posso garantir a você: não existe a menor possibilidade de você conhecer Jesus e sua vida permanecer da mesma forma.

Você aprenderá como lidar com você mesmo, com as outras pessoas, e todas as áreas da sua vida que estiverem em trevas Jesus irá trazer luz, paz e alegria.

Prepare-se para conhecer a pessoa mais importante da sua vida. Eu te garanto que você nunca mais vai querer se separar de Jesus, porque Ele vai preencher todo o vazio do seu coração, Ele vai te proporcionar uma alegria e uma plenitude que você nunca sentiu antes. E há mais uma coisa, Ele irá te COMPLETAR por inteiro.

Serão quarenta dias ininterruptos de muito conhecimento, revelação e graça de Deus sobre a sua vida, em que a cada dia você terá versículos, indicação de louvores, uma oração para você orar e declarar em voz alta e um espaço para você escrever suas experiências com Jesus, aquilo que Ele revelar ao seu coração.

Nesses próximos quarenta dias você vai conhecer algumas das principais virtudes de Jesus, para que possamos colocar em prática a palavra: "Sede, pois, imitadores de Deus, como filhos amados; e andai em amor, como também Cristo nos amou e se entregou a si mesmo por nós, como oferta e sacrifício a Deus, em aroma suave" (Efésios 5:1-2).

Só podemos imitar alguém que conhecemos, então o primeiro passo é conhecê-lo e logo em seguida você poderá imitá-lo e ser um representante dEle aqui na Terra, ou seja, ser um embaixador de Jesus.

Durante o propósito dos 40 dias conhecendo Jesus, todos os dias você irá desfrutar e experimentar tudo isso:

- Indicação de muitos versículos bíblicos e um principal para você meditar;
- Indicação de alguns louvores que você poderá ouvir durante o seu dia;
- Além de chaves mestra que trará muito conhecimento sobre Jesus;
- Algumas perguntas para você refletir sobre sua vida;
- Uma oração para você declarar em voz alta;
- Um espaço para você escrever as revelações que Jesus te falar em cada dia;
- Um QR Code no final de cada dia, para você assistir a *live* do propósito no YouTube.

Parabéns pela sua decisão de conhecer a pessoa mais importante da sua vida, tenha uma linda e sobrenatural leitura. É muito bom ter você aqui.

DIA 1

TEMA: Obediência
LOUVORES: Segredo da madrugada (Leandro Borges), Algo maior (Luma Elpídio), Bendito serei (Nani Azevedo)
VERSÍCULO: Deuteronômio 28:1-14.

> "Se ouvires a voz do Senhor, teu Deus, virão sobre ti e te alcançarão todas estas bênçãos."
> **(Deuteronômio 28:2)**

- A obediência está ligada ao amor a Deus; demonstramos que o amamos quando o obedecemos.
- Todo problema do mundo começou através da desobediência e rebeldia de Satanás.
- A natureza carnal tem uma tendência à desobediência, mas o sábio é obediente.
- Fazer a vontade de Deus é obedecer a Palavra de Deus.
- Jesus é o maior exemplo de obediência, Ele veio à Terra para obedecer a Deus.
- Para você obedecer a Deus, precisa renunciar às suas vontades e desejos carnais.
- Resista ao diabo e sujeite-se à vontade Deus.
- O amor de Deus é incondicional, mas as bênçãos de Deus são condicionais.
- Quem cumpre princípios, vive promessas.
- Para morar no céu, é necessário viver uma vida na Terra do jeito de Deus, e não do nosso.

- A palavra diz: "Se atentamente ouvir a Deus...", não de qualquer jeito, e sim com atenção e obediência, respeitando as regras impostas por Deus.
- A condição para viver uma vida extraordinária, sobrenatural e excepcional é a obediência a Deus.
- As bênçãos não estão condicionadas às suas habilidades, competências ou inteligência, mas sim à obediência.
- O pacote de bênçãos está reservado para os obedientes, íntimos e simples.
- Se eu for obediente a Deus o que ganho?
  1. Benção onde estiver e pisar
  2. Bênção em tudo o que colocar as mãos
  3. Bênção na família
  4. Bênção no trabalho
  5. Bênção nos seus bens
  6. Vitória sobre os inimigos
  7. Bênção de ser escolhido, separado e povo santo. Exclusividade de Deus!
- Um dos principais objetivos de Satanás é fazer você desobedecer.
- Para ser *best friend* de Jesus seja obediente a partir de hoje.
- A sua principal meta de vida precisa ser a obediência.
- Aos seus amados Ele dá enquanto dormem. Não é sobre o seu muito FAZER e sim pelo seu OBEDECER.
- A ordem de Deus para você hoje: Não desista, permaneça, seja constante na obediência.

PERGUNTAS PARA REFLEXÃO:

- Qual é a sua principal meta de vida?
- Você é obediente à Palavra de Deus?

ORAÇÃO DO DIA:

Meu Abba Pai, te peço perdão por todas as vezes que fui totalmente desobediente a tua Palavra, a tua vontade para minha vida. Mas a partir de hoje eu escolho viver uma vida de obediência. Meu Pai, meu Deus, por favor me ajude, me ensine a ser uma pessoa obediente a partir de agora, e cumprir os planos e a tua vontade, em nome de Jesus. Amém!

O QUE JESUS ME REVELOU HOJE?

DIA 2

TEMA: Santidade
LOUVORES: Eu escolho Deus (Thalles Roberto), Só tu és santo (Morada)
VERSÍCULOS: 1 Pedro 1:15, João 17:17, Deuteronômio 30:2-4, Lucas 1:37, Mateus 28, Levítico 19:2, 2 Coríntios 7:1, Efésios 1:4.

> "Assim como nos escolheu, nele, antes da fundação do mundo, para sermos santos e irrepreensíveis perante ele; e em amor."
> **(Efésios 1:4)**

- Jesus é Santo.
- Jesus veio para a Terra nos ensinar a como sermos filhos de Deus, Ele é o primogênito, o nosso exemplo de santidade.
- Jesus é o nosso maior referencial de santidade.
- Jesus andava e comia com os pecadores, mas Ele não cometeu nenhum pecado, porque Ele se separava do pecado.
- Jesus amava o pecador, mas odiava o pecado.
- Jesus se separava do pecado e não das pessoas.
- Deus é perfeitamente Santo, Ele espera que sejamos iguais a Ele, porque filho de peixe, peixinho é; filho de pato, patinho é.

- A partir do momento que aceitamos Jesus nos tornamos filhos de Deus.
- Deus desenhou Adão e Eva, mas eles foram desobedientes e desconectados de Deus, mas Jesus desceu à Terra para comprar o nosso pecado e nos conectar novamente com o Pai.
- Nós não podemos ser filhos de Deus e não ter as características dEle.
- Jesus é Santo e espera que sejamos santos.
- Para conhecer Jesus de verdade, precisamos de desejo, disposição e determinação.
- Não basta apenas desejar ser santo, é necessário estar disponível e determinado a ser santo.
- Pessoas que vivem bênçãos tremendas e excepcionais são frutos de santidade e obediência tremenda e excepcional.
- A presença de Jesus é suficiente para exterminar o pecado. Ele transforma o pecador em santo, o sujo em limpo, as trevas em luz.
- A santidade vem da disposição de obedecer a Deus e à sua palavra.
- O que santifica o homem é a verdade da Palavra de Deus.
- As bênçãos do Senhor vêm quando temos disposição em buscar ao Senhor.
- Volte-se para Jesus hoje, e Ele restaurará sua vida.
- Ser cristão atualmente virou moda e status, mas ser santo e obediente é o diferencial dos verdadeiros filhos de Deus.
- Não adianta dizer que voltou para Jesus e continuar fazendo o que todo mundo faz, indo para balada, transando sem se casar, fofocando, cheio de mágoas...
- Jesus deseja que tenhamos uma vida santa, que sejamos exemplos de filhos de Deus.

- Não adianta apenas IR à igreja aos domingos, é preciso SER igreja todos os dias da semana.
- Ser abençoado todo mundo quer, mas para obedecer e ser santo poucos estão disponíveis, dispostos e determinados.
- O Espírito Santo nos ensina tudo, basta estarmos disponíveis e Ele nos ajudará em tudo.
- Tome a decisão hoje, com determinação e obediência, de voltar para Jesus e se separar do pecado.
- Deus está sempre conosco, somos nós que nos afastamos dEle.
- Você não tem poder sobre as atitudes e decisões do outro, apenas das suas.
- Jesus nunca nos rejeita.
- Obedecer de todo o coração, alma e de acordo com a Palavra de Deus.
- Todas as vezes que o pecado bater à sua porta, dê um não bem dado, bata a porta na cara do pecado.
- Você precisa se APERFEIÇOAR na obediência e santidade.
- Aperfeiçoar-se é melhorar a cada dia.
- O Senhor nos chamou para sermos santos e irrepreensíveis.
- O seu CHAMADO e PROPÓSITO de vida é SER SANTO.
- Fomos chamados para sermos grandes nas coisas do céu e não da Terra.
- A vida com Deus não se trata de desejos e sim de compromisso, disposição e determinação.

PERGUNTAS PARA REFLEXÃO:

- Qual é a sua disposição para obedecer a Deus e à sua Palavra?
- Qual é o seu nível de entrega e busca para viver uma vida que agrada a Deus?
- Você tem buscado o aperfeiçoamento do céu ou da terra?

ORAÇÃO DO DIA:

Pai, hoje eu quero te pedir perdão por todas as vezes que escolhi o pecado ao invés da santidade. Pai, hoje eu escolho para sempre ter uma vida de santidade até a tua volta ou até o dia que o Senhor me levar. Pai, me ajuda, eu preciso de ti, porque eu sei que sozinho eu não consigo, mas contigo eu posso todas as coisas, porque é o Senhor que me fortalece e que me guia. Em nome de Jesus. Amém!

O QUE JESUS ME REVELOU HOJE?

_____

_____

DIA 3

TEMA: Humildade
LOUVOR: Humilde Rei (Anderson Freire)
VERSÍCULOS: Lucas 1:37, Filipenses 2:5-8, 1 Pedro 5:5, Tiago 3:33; Filipenses 2:3, Provérbios 23:4, Mateus 18:3-4, Efésios 4:2.

> *"Com toda a humildade e mansidão, com longanimidade, suportando-vos uns aos outros em amor."*
> **(Efésios 4:2)**

- É lindo ver como Jesus era humilde e nos ensinou a sermos humildes como Ele.
- Quem é humilde reconhece que sua vida depende 100% de Deus.
- O humilde reconhece que sem Deus não é absolutamente nada.
- O humilde reconhece que sua vida sem Deus não faz sentido.
- O humilde reconhece que seus dons, talentos e competências são do Senhor, de graça e pela graça de Deus.
- A humildade nos aproxima de Deus e o orgulho nos afasta.
- A humildade nos faz ter relacionamentos melhores.
- A humildade nos leva a reconhecer nossos erros, nos arrepender e pedir perdão rapidamente.

- O humilde reconhece que não é melhor que ninguém e que todos merecem ser tratados com amor e respeito.
- O nosso maior exemplo de humildade é Jesus.
- Todos temos uma raiz de orgulho dentro de nós, pois fomos concebidos no pecado.
- Não podemos desistir de buscar a humildade diariamente.
- Maior que o nosso orgulho é a humildade do sangue de Jesus.
- Jesus respeita o nosso tempo, mas Ele não desiste de nós.
- Jesus abriu mão durante 33 anos do seu reino de glória e majestade para sofrer, ser criticado, cuspido, flagelado e morrer por nós.
- Não existe um sábio sem humildade.
- A prima do orgulho é a mentira.
- O humilde não precisa falar que é humilde, suas atitudes revelam seu coração.
- Deus só exalta aqueles que se humilham.
- O humilde renuncia sua independência para viver na dependência de Deus.
- Os orgulhosos sempre vão encontrar uma desculpa, uma explicação ou argumento para justificar seus erros.
- Ler a Bíblia todos os dias é um grande ato de humildade, pois você reconhece que é dependente de Jesus.
- O tempo que você passa lendo a Bíblia, orando e jejuando demonstra sua verdadeira humildade e dependência de Deus.
- O orgulhoso tem dificuldade para pedir perdão.
- Pedir perdão quando você está certo é sabedoria e humildade, quando você está errado é obrigação.
- O orgulho paralisa, causa depressão, tristeza, infelicidade e maldição.

- Uma das maiores lutas de Satanás é para manter o orgulho dentro de nós.
- O orgulhoso não pede ajuda.
- O orgulho é um câncer invisível que vai corroendo aos poucos.
- Deus quer arrancar hoje todo orgulho maldito e miserável de dentro de você e te preencher de humildade.
- Satanás sabe que enquanto você for orgulhoso, Deus não pode te honrar.
- A humildade precede a honra.
- Aceita que dói menos e a cura vem mais rápido.
- Vale a pena ser humilde, as recompensas são riquezas, honra e vida longa.
- Ser orgulhoso é ser tolo.
- Satanás é enganador e quer nos enganar dizendo que o mundo é dos orgulhosos e dos que não levam desaforo para casa.
- Sejam completamente dóceis e humildes, suportando uns aos outros em amor.
- O passaporte para o céu é a humildade, e o orgulho é o passaporte para o inferno.
- O orgulhoso cairá na terra e não entrará no céu.
- O humilde herda a terra como herança e ainda entra no céu.

PERGUNTAS PARA REFLEXÃO:

- Vamos medir sua humildade?
- Como você trata as pessoas mais velhas? Com honra e respeito?
- Quanto tempo você demora para admitir o seu erro?
- Você tem dificuldade para pedir perdão?

- Você considera os outros superiores a você ou você superior aos outros?

ORAÇÃO DO DIA:

Meu Pai, reconheço meu orgulho, te peço perdão meu Deus e, a partir de hoje, com a ajuda do Espírito Santo, serei uma pessoa humilde, em nome de Jesus. Amém!

O QUE JESUS ME REVELOU HOJE?

___
___
___
___
___

DIA 4

TEMA: Mansidão
LOUVORES: Fazer morada (Casa do oleiro adoração), Faz um milagre em mim (Regis Danese)
VERSÍCULOS: João 3:17, Lucas 19:1-9, Gálatas 5:21-22, Mateus 11:29, Colossenses 3:12-14, Tiago 1:21, 1 Timóteo 6:11.

> *"Tomai sobre vós o meu jugo e aprendei de mim, porque sou manso e humilde de coração; e achareis descanso para a vossa alma."*
> **(Mateus 11:29)**

- Jesus veio para que tenhamos uma vida de mansidão e tranquilidade.
- A multidão não deixava Zaqueu ver Jesus.
- Zaqueu era pequeno, mas muito esperto, ele conseguiu ir à frente da multidão e subir em uma árvore para VER JESUS.
- Jesus viu o esforço de Zaqueu.
- Jesus vai se hospedar e fazer morada em seu coração hoje.
- Jesus não quer ser só o hóspede na sua vida, Ele quer entrar e morar.
- A multidão vai olhar e questionar: "Como Jesus vai entrar na casa dele(a), essa pessoa grosseira, desviada, desonesta, arrogante e orgulhosa?".

- Deus escolhe as coisas loucas e fracas deste mundo para confundir as que pensam que são sábias e fortes.
- Jesus se hospeda na sua casa do jeito que ela está, mas não vai deixá-la do mesmo jeito.
- Jesus vem para trazer transformação e salvação.
- Jesus não vem para trazer o remédio, Ele vem para trazer a cura, libertação e restauração.
- Deus vai trazer um novo tempo, um novo cântico.
- Mesmo que a princípio doa, vai haver cura e salvação.
- Assim como Jesus entrou na casa de Zaqueu, entrará em sua casa HOJE.
- A mansidão é um fruto do Espírito Santo, se você clamar, Ele vai derramá-la sobre você.
- Mansidão é você manter a calma e respeito mesmo em situações irritantes.
- Quando você é uma pessoa mansa, respeita em primeiro lugar a Deus, ao Espírito Santo e às pessoas.
- A pessoa mansa até se ira, mas não peca. Ela consegue se controlar e agir com sensatez, respeito e prudência.
- A mansidão nos impede de agir com intolerância, violência e desrespeito na hora da ira.
- A pessoa mansa fala com sabedoria e não com amargura e ira.
- A mansidão é uma virtude da vida de quem vive em sabedoria.
- A mansidão é uma característica de Jesus.
- A mansidão vem de uma vida de obediência, confiança e submissão a Deus.
- Quando você tem mansidão você confia em Deus e não age com violência.
- O jugo de Jesus é leve e suave.
- A vida com Deus não é fácil, mas não é pesada.

- O melhor professor de mansidão e humildade se chama Jesus Cristo.
- A condenação vem de Satanás e o julgamento justo e correto vem de Deus.
- Para ter uma vida de mansidão, você precisa ter uma vida revestida de amor.
- O humilde e manso aceita a vontade de Deus.
- Gaste tempo buscando a Deus, não gaste no Instagram, Netflix, WhatsApp ou YouTube.
- Você não foi chamado para ser fazedor humano, mas para SER HUMANO.
- A mansidão não se aprende na faculdade, mas em Jesus e na Palavra de Deus.

PERGUNTAS PARA REFLEXÃO:

- Quantas vezes a multidão tem impedido você de ver Jesus?
- Você está correndo para ver Jesus ou paralisado pela multidão?
- Você pode, hoje, convidar Jesus para morar em seu coração?
- De quem é o jugo que você está carregando? De Satanás, vizinhos, pressão psicológica, sociedade ou religiosidade?
- Como está sua alma hoje? Descansada, em paz ou deprimida, amargurada, desesperada e desamparada?
- De quem você está aprendendo as coisas? Do Espírito Santo, dos amigos, dos líderes religiosos ou do mundo?
- Quem tem sido seu professor de vida, seu referencial?
- Quanto tempo você tem passado buscando a Deus?

ORAÇÃO DO DIA:

Espírito Santo, eu quero que o Senhor faça morada 24 horas em minha vida, em meu coração, vem ser meu professor, conselheiro e meu melhor amigo. Ensina-me a caminhar contigo de forma confiante, mansa e leve. Que o fruto da mansidão flua dentro de mim, em nome de Jesus. Amém!

O QUE JESUS ME REVELOU HOJE?

_____

_____

_____

_____

_____

_____

DIA 5

TEMA: A simplicidade de Jesus
LOUVOR: Desejo do meu coração (Davi Sacer)
VERSÍCULOS: Lucas 2:4-7, Salmos 119:130, Mateus 16:24-25; 1 Pedro 3:3-4, Mateus 11:25, Romanos 12:3, 1 Timóteo 9:2-10, Efésios 4:15, Lucas 19:30-40.

> *"Tomai sobre vós o meu jugo e aprendei de mim, porque sou manso e humilde de coração; e achareis descanso para a vossa alma."*
> **(Mateus 11:29)**

- No mundo espiritual ou você tem resultado ou desculpas.
- Você quer viver o que ninguém está vivendo, então precisa fazer o que ninguém está fazendo.
- Jesus era simples.
- A simplicidade de Jesus nos constrange.
- A simplicidade de Jesus foi escancarada desde o nascimento.
- Muitos imaginavam que Jesus nasceria em um lugar de destaque, mas Ele nasceu em uma manjedoura.
- Às vezes você acha que o chamado de Deus será em um lugar glorioso.
- Jesus, ao nascer em uma manjedoura, mostra que precisamos ser simples.

- Na entrada triunfal na cidade de Jerusalém, Jesus não tinha nem um burrinho para chamar de seu.
- Jesus não tinha túmulo, mas foi enterrado em um túmulo novo.
- Não precisamos de poder, cargo, reconhecimento ou destaque para sermos iguais a Jesus.
- Satanás não respeita crachá, ele respeita unção.
- Para sermos imitadores de Cristo, temos que cultivar a simplicidade.
- Nada do que temos pode nos redimir, apenas se crermos em Jesus Cristo poderemos adquirir a redenção e a salvação.
- É em Jesus Cristo que você precisa crer.
- Crê no Senhor Jesus e será salvo tu e a tua casa.
- A salvação não está no TER, e sim no que você CRER.
- Quando temos Jesus, temos tudo o que precisamos.
- Comece a valorizar o que realmente importa.
- É através do testemunho de Jesus que teremos uma vida eterna e alcançaremos outras vidas.
- Sem simplicidade não existe revelação e entendimento das coisas espirituais, pois Deus não se revela aos orgulhosos.
- Ser uma pessoa simples é quando você renuncia aos seus sonhos e vontades para confiar em Jesus.
- A beleza não está nos acessórios exteriores, e sim no SER interior.
- O que tem valor para Deus é um coração sincero, quebrantado e contrito.
- O mundo olha para sua aparência, mas Deus olha para o seu coração.
- Os discípulos não eram letrados, eles eram pessoas simples na Terra.
- Jesus quer e vai se revelar aos simples.

- Jesus quer se revelar para você HOJE!
- Deixe Deus mudar seus conceitos. Deus escolhe as coisas loucas e fracas para confundir os sábios.
- Deus não vai olhar sua aparência, Ele vai olhar a disposição e motivação do seu coração.
- Deus nos acha e nos conhece no meio da multidão. O poder de Deus te encontra onde você estiver.
- Deus te encontra e te leva para onde Ele quiser.
- Jesus se compadece das nossas fraquezas.
- Precisamos crescer em Cristo e não no exterior.
- Do início ao fim da vida de Jesus, Ele foi simples e não faltou nada do que Ele precisava.
- Nada do que temos na Terra vai conosco.
- Que o nosso coração esteja nas coisas do céu e não da Terra.
- Não vai faltar nada do que precisarmos, quando o nosso coração estiver em Deus.

PERGUNTAS PARA REFLEXÃO:

- O que você tem cultivado no coração? Ostentação ou simplicidade?
- O que você tem valorizado? O que realmente tem valor para você?
- O que é ser uma pessoa simples para você?
- Quanto tempo eu me dedico ao meu exterior e ao meu interior?
- Qual é o conceito que você tem de si mesmo?
- De que estamos nos adornando? Roupas, ouros, boas obras? Nosso interior ou exterior?

ORAÇÃO DO DIA:

Jesus, me ajude a ter um coração simples igual ao Teu, pois eu não precisarei de nada da Terra. Ajuda-me a ter um coração simples e quebrantado, somente o Senhor pode me ajudar, me socorrer e me libertar das coisas da Terra. Eu confio em ti, ensina-me, Pai, em nome de Jesus. Amém!

O QUE JESUS ME REVELOU HOJE?

_____
_____
_____
_____
_____

DIA 6

TEMA: Gratidão
LOUVORES: Lindo És (Juliano Son), É tudo sobre você (Morada)
VERSÍCULOS: Romanos 1:21, 1 Tessalonicenses 5:18, Colossenses 3:15-17, Salmos 92:1-2, Salmos 103:2, Salmos 118:24, Salmos 136:1, Lucas 17:11.

> "Em tudo, dai graças, porque esta é a vontade de Deus em Cristo Jesus para convosco."
> **(1 Tessalonicenses 5:18)**

- Às vezes desperdiçamos nosso tempo com coisas ou pessoas que não nos levarão a lugar nenhum.
- Não gaste tempo com o que não agrega valor à sua vida.
- Jesus precisa ser sua prioridade.
- Conhecer e prosseguir conhecendo Jesus precisa ser a sua prioridade.
- Saia da conexão com a internet e se conecte com Jesus.
- A internet precisa ser usada com equilíbrio, para não roubar o seu tempo com Jesus.
- Você tem passado mais tempo conectado com Jesus ou com a internet?
- Deus quer te levar para níveis mais profundos de gratidão que vêm do coração dEle.

- Um coração grato deve ser a realidade na vida de um verdadeiro cristão.
- Precisamos reconhecer que o sacrifício de Jesus na cruz já foi suficiente para sermos gratos.
- Uma pessoa ingrata tem um coração escasso, pobre e infeliz.
- Gratidão precisa ser a primícia em sua vida.
- Não espere o milagre acontecer para você agradecer.
- Agradeça antes de acontecer.
- Gratidão abre as portas do céu para o milagre.
- Fé é você trazer à existência o que não existe.
- No mundo espiritual as bênçãos já estão liberadas, só precisamos agradecer.
- Um combo poderoso para a vida cristã é FÉ + GRATIDÃO = MILAGRE.
- Tem gente que não agradece e só reclama e murmura.
- Nós não merecíamos nada, mas através de Jesus temos tudo.
- Todos os dias são oportunidades que o Senhor nos dá para agradecer.
- Só quem não tem um olho, uma perna ou mãos sabe o valor dessas partes do corpo.
- Às vezes você fica esperando o sobrenatural acontecer e não percebe o milagre que já aconteceu em sua vida.
- Satanás quer nos cegar e colocar nossos olhos naquilo que é insignificante e supérfluo.
- Tudo aquilo que a gente não agradece, normalmente a gente perde.
- Agradece que cresce.
- Está sofrendo, foi traído ou promovido? Agradeça em toda e qualquer circunstância.

- Existem estudos científicos que comprovam que a ingratidão é uma das causas de depressão.
- A gratidão em nossa vida precisa acontecer no início, meio e fim.
- Jesus é o caminho, a verdade, a vida e o motivo da nossa gratidão.
- Agradece que o milagre desce.
- A gratidão não pode ser só da boca para fora, precisa ser no coração e nas atitudes.
- A gratidão não é sentimento, é obediência, decisão e escolha.
- As nossas emoções nos enganam, mesmo sem sentir, agradeça.
- A gratidão não é sobre satisfazer a carne, e sim o espírito.
- Deus não nos chamou para sentimentalismo, e sim para obediência. A ingratidão é você ser desprovido de inteligência.
- Você pode agradecer a Deus lendo a Bíblia, orando, jejuando, louvando, pregando e servindo.
- Pare de agradecer às pessoas por aquilo que Deus fez por você.
- Deus dividiu o seu filho conosco, mas Ele não divide sua glória com ninguém.
- Deus não quer que você tenha culpa ou sentimento de devedor. Ele deseja que você seja eternamente grato.
- Não queira dar a homens a glória que é de Deus.
- Não podemos ter nada de bom se de Deus não vier.
- A sua obediência pode dar o milagre, mas é a sua gratidão e sua fé que vão gerar a salvação.

- Jesus não tem apenas um milagre para você, Ele é a própria fonte inesgotável para uma vida abundante.
- Não é sobre o milagre e a provisão, é tudo sobre Jesus.

PERGUNTAS PARA REFLEXÃO:

- Qual é a sua situação hoje?
- Quanto você pagaria pela sua saúde?
- Você já agradeceu por enxergar, andar e ouvir hoje?
- Qual tem sido o seu nível de gratidão?
- Você quer ser uma pessoa grata?
- Como você pode demonstrar gratidão a Deus?
- O que ou quem tem sido a sua prioridade?

ORAÇÃO DO DIA:

Abba Pai, perdão por todos os momentos de ingratidão. Ensina-me a mudar a minha mentalidade e atitudes para ter um coração grato igual ao de Jesus, me ensina a te honrar acima de todas as coisas, Pai, em nome de Jesus. Amém!

O QUE JESUS ME REVELOU HOJE?

_____

_____

_____

_____

DIA 7

TEMA: A suficiência de Jesus
LOUVORES: Cuida (Leandro), Descansa (Laura Stela)
VERSÍCULOS: Lucas 21:1-4, 2 Coríntios 12:9-12, 1 Coríntios 1:25, Hebreus 10:23, Hebreus 10:35-39, Salmos 37:5.

> "Então, ele me disse: A minha graça te basta, porque o poder se aperfeiçoa na fraqueza. De boa vontade, pois, mais me gloriarei nas fraquezas, para que sobre mim repouse o poder de Cristo."
> **(2 Coríntios 12:9-10)**

- Mesmo que as coisas não estejam saindo do jeito que você gostaria, apenas confie.
- Confie que os planos de Deus são os melhores.
- Quem prometeu é fiel e garante.
- Deus não erra.
- Em nossa vida, aprendemos a querer sempre mais.
- O mundo nos inspira e nos influencia sempre mais.
- Se você tem Jesus, tudo que você tem é suficiente.
- Quem nunca abriu a geladeira ou o guarda-roupa e disse: Não tenho nada.
- Somos estimulados diariamente ao consumismo.
- Os talentos, dons e capacidades são suficientes.
- Sete dias foram suficientes e perfeitos para Deus criar o mundo e tudo o que nele há e ainda descansar.

- Se em sete dias Deus criou o mundo, imagina o que Ele pode fazer em nossa vida.
- 2 peixinhos e 5 pãezinhos formam 7, e Deus os utilizou para alimentar uma multidão.
- Tudo o que você tem hoje é suficiente.
- Um pouquinho de fé e gratidão nas mãos de Deus é suficiente.
- Tudo que você tem, nas mãos de Deus, é suficiente para Ele operar o milagre.
- A suficiência de Jesus nos basta.
- Você não precisa esperar a provisão para descansar e se alegrar em Deus.
- Para que Jesus transforme e multiplique, sua vida precisa estar nas mãos dEle.
- Deus está vendo tudo.
- A viúva deu tudo que possuía para sobreviver.
- O mundo quer nos ensinar que o nosso problema é a nossa fraqueza.
- Satanás quer nos enganar dizendo que quando você tiver seu sonho realizado você será feliz.
- São as nossas fraquezas e inconstâncias que nos aproximam de Jesus.
- A matemática de Jesus é diferente da do mundo.
- As nossas fraquezas nas mãos de Deus são suficientes para Ele transformar vergonha em dupla honra, dívidas em perdão, deserto em flores.
- Deus abre caminho no deserto.
- Deus abre um caminho no mar.
- Não se apegue ao seu problema, e sim a Deus.
- Entregue-se e se apegue a Deus, pois Ele é fiel para cumprir tudo aquilo que prometeu.
- Aconteça o que acontecer, não abra mão da sua confiança.

- Por isso, Eu, _____, não abro mão da confiança que tenho em Deus.
- Jesus é suficiente para transformar seu cativeiro em libertação, seu choro em risos.
- Não desista, persevere fazendo a vontade de Deus até Ele realizar o que prometeu.
- Deus não está demorando, Ele está caprichando.
- Persevere, continue, que muito em breve Deus vai te surpreender.
- Aqueles que desistem não desfrutarão da vitória.
- Jesus é suficiente.
- Deus não se agrada daquele que desiste, mas sim daqueles que perseveram.
- Você vai perseverar, pois mesmo na sua fraqueza Deus é suficiente.
- Não espere o milagre que Deus vai fazer amanhã para se alegrar, se alegre HOJE, se alegre AGORA.
- A vida que Deus te deu é suficiente para você se alegrar e agradecer.
- A graça de Deus é suficiente para sermos felizes e gratos.
- Satanás quer nos ver tristes, desesperados e frustrados, mas você vai decidir ser feliz HOJE E AGORA.
- Descanse, Jesus é suficiente.

PERGUNTAS PARA REFLEXÃO:

- Quais são as suas duas moedinhas de cobre? Vício, marido, filhos?
- Qual é o seu tudo, que você precisa entregar hoje para Deus?
- Qual é a área da sua vida hoje que está estéril (morta)?
- Em que momento você pensou em desistir?

ORAÇÃO DO DIA:

Obrigado, Pai, por nos amar e aceitar as nossas necessidades e fraquezas. Obrigado, Pai, por transformar nosso choro em riso. Nos ensina a viver sabendo que Jesus é suficiente e a sua graça nos basta; te entrego tudo o que tenho, em nome de Jesus. Amém!

O QUE JESUS ME REVELOU HOJE?

_____
_____
_____
_____
_____

DIA 8

TEMA: O alívio de Jesus
LOUVORES: Alívio (Jessé Aguiar), Posso alcançar (Áquila)
VERSÍCULOS: Salmos 55:16, Salmos 86:7, Salmos 34:18, Filipenses 2:13, Hebreus 1:5, Romanos 8:35-36.

> "Porque Deus é quem efetua em vós tanto o querer como o realizar, segundo a sua boa vontade."
> **(Filipenses 2:13)**

- Deus já começou a mudar a sua história.
- O seu alívio não virá de pessoas, dinheiro, negócios, promoção, PLR, conversão do marido ou dos filhos.
- O seu alívio não tem nada a ver com o que é terreno e sim com o Rei dos reis.
- A Palavra de Deus tem que entrar pelos seus ouvidos e penetrar o mais profundo do seu coração.
- Jesus é o nosso alívio quando, apesar das circunstâncias, nós nos mantemos tranquilos e aliviados.
- Quando estamos angustiados, não conseguimos ouvir a voz de Deus.
- Tem pessoas a quem Deus está carregando no colo, mas não conseguem enxergar.
- No meio da tempestade, você pode clamar.
- O teu choro é um grito de clamor diante de Deus e Ele colhe cada lágrima.
- No dia da angústia, clame a Deus.

- O silêncio de Deus também é resposta. Ele está trabalhando.
- Jesus não vai te responder do seu jeito, mas do jeito dEle.
- O jeito de Deus é infinitamente melhor.
- Deus poderia ter providenciado bênçãos para livrar o povo hebreu no mar, mas Ele abriu o caminho no meio do próprio mar.
- Deus é especialista em nos surpreender, em realizar o impossível aos olhos humanos.
- Deus, além de te salvar, também destrói seus inimigos.
- Deus é extraordinário e trabalha por completo.
- Deus responde, mas não é do seu jeito.
- "Jesus, me responde do Teu jeito, pois tudo que o Senhor faz é o melhor".
- Deus está perto daquele que tem um coração quebrantado, contrito e arrependido.
- Deus é quem efetua o querer dEle em nós.
- Deus não te obriga a nada, Ele é educado e te dá livre arbítrio.
- O motivo pelo qual você não está experimentando o alívio de Deus, é porque você quer fazer tudo com as forças dos seus próprios braços.
- Deus não é um Deus de tentativas, Ele opera, realiza e conclui.
- Renda-se à vontade de Deus!
- É fácil dizer "eis-me aqui", mas a fé sem obras é morta.
- Todos os dias temos que dizer sim para Deus e não para nós mesmos.
- A sua parte é confiar e descansar.
- Deus vai fazer algo tão sobrenatural que todos ficarão de boca aberta e admirados.

- Quando você faz do seu jeito, você se decepciona, se frustra e ainda coloca a culpa em Deus. Confie, Deus sabe fazer melhor do que você.
- Para você ter alívio, tire das suas mãos e coloque nas mãos de Deus.
- Pare de colocar expectativas no mundo, nas coisas ou nas pessoas; coloque sua expectativa em Deus.
- O alívio vem quando você confia completamente em Deus.

PERGUNTAS PARA REFLEXÃO:

- Quais são as suas maiores preocupações?
- Será que Jesus é o alívio da sua vida?
- Você tem se sentido aliviado ou desesperado?
- Agindo Deus, quem impedirá?
- Você quer o alívio de Jesus?
- O que posso fazer para ter alívio agora?

ORAÇÃO DO DIA:

Jesus, eu cansei de querer fazer as coisas do meu jeito, na força do meu braço, cansei de viver a minha vontade. HOJE eu entrego tudo a ti, entrego minha vida, meus sonhos, meus planos e projetos verdadeiramente em tuas mãos, meu Pai. Senhor coloca ordem divina na minha vida para eu fazer a tua vontade, em nome de Jesus. Amém!

O QUE JESUS ME REVELOU HOJE?

_____

_____

_____

_____

_____

_____

DIA 9

TEMA: Jesus é o nosso resgatador
LOUVORES: Escape (Renascer), Nasci para voar (Leandro Borges), Todas as coisas (Fernandinho)
VERSÍCULOS: Isaías 43:1-19, João 3:16, 1 Timóteo 2:6.

> "Mas agora, assim diz o Senhor, que te criou, ó Jacó, e que te formou, ó Israel: Não temas, porque eu te remi; chamei-te pelo teu nome, tu és meu."
> **(Isaías 43:1)**

- Jesus nos resgatou e pagou um alto preço.
- O seu valor não está nas suas competências, inteligência e bens.
- O seu valor não está no que você faz ou tem, mas sim em quem você é; filho de Deus.
- Se fosse por merecimento, estaríamos no inferno, na morte eterna ou no lago de fogo.
- Jesus nos resgatou mesmo sem merecermos.
- No mundo, as pessoas nos amam pelo que oferecemos, mas Deus não é humano e interesseiro. Ele é incomparável.
- Deus não nos abandona como os homens.
- Deus nos ama mesmo sendo pecadores.
- Aquele que diz que não tem pecado já está mentindo.
- Você precisa entender seus valores em Cristo; para Ele você é amado, abençoado, valoroso e honrado.

- No seu caminhar as pessoas te desvalorizam, mas Deus te valoriza.
- Hoje é o dia que o Senhor escolheu para revelar o seu valor, baseado em Cristo.
- Deus não quer filho perfeito, mas Ele quer filhos verdadeiros e sinceros.
- Você foi chamado pelo nome, você tem um dono.
- Não precisa ter medo, Deus nos resgatou e nos ama.
- Não temas, o Senhor é contigo.
- Ele é fiel para cumprir todas as suas palavras.
- Satanás é enganador, mas Deus não.
- Os problemas e dificuldades não são para nos destruir.
- Os grandes soldados são treinados na selva.
- Pare de "mimimi", Deus está te treinando.
- Não se preocupe, você tem o melhor resgatador e treinador, Jesus.
- Deus cuida da gente enquanto dormimos.
- Os seus desafios são para fortalecer a sua fé e desenvolver o seu caráter. Deus deu Seu único filho por nós, para nos resgatar e não para sermos covardes, depressivos e medrosos.
- Ele nos resgatou para sermos corajosos.
- Você é precioso, honrado e amado por Deus. Ninguém te segura.
- Você precisa andar de cabeça erguida.
- Filho amado, viva acima do medo e das aflições.
- Deus te criou para a glória dEle.
- Deus quer manifestar a glória dEle através de você.
- Você é testemunha de Deus na Terra.
- Deus abriu o caminho no Mar Vermelho no passado, abre no presente e abrirá no futuro.
- O maior problema do medo são as recordações do passado.

- Esqueça o passado para viver o novo de Deus.
- Deus está fazendo uma coisa nova hoje.
- Talvez o seu passado tenha sido de muita tristeza, mas Deus te transportou do reino das trevas para a luz.
- Você precisa abandonar o passado, pois Jesus nos resgatou para termos vida em abundância.
- Deus está trazendo novidades de vida hoje para você.

PERGUNTAS PARA REFLEXÃO:

- Quais são as atitudes que temos que estão entristecendo o Espírito Santo?
- Agindo Deus, quem impedirá?

ORAÇÃO DO DIA:

Abba Pai, muito obrigado por enviar o seu filho Jesus Cristo para me resgatar, me salvar e perdoar todos os meus pecados, eu não merecia, mas por amar, o Senhor me resgatou das trevas e me transportou para o reino da sua maravilhosa luz, e por me dar o direito à vida eterna, me ensina Pai a ser sempre grato por isso e andar sempre nos teus caminhos em obediência total, em nome de Jesus. Amém!

O QUE JESUS ME REVELOU HOJE?

_____
_____
_____
_____
_____
_____

DIA 10

TEMA: O perdão de Jesus
LOUVORES: Me ajude a perdoar (Thalles Roberto), Tudo é possível (Bruna Karla)
VERSÍCULOS: Salmos 86:5, Mateus 18:21-22, Marcos 11:25-26, Lucas 17:3-4, 1 João 1:9.

> "Se confessarmos os nossos pecados, ele é fiel e justo para nos perdoar os pecados e nos purificar de toda injustiça."
> **(1 João 1:9)**

- Quando você escolhe não perdoar é como se dissesse para Deus que deseja continuar preso ao passado, no cativeiro.
- Mas, hoje, você vai sair, pois Deus nos chamou para sermos livres.
- A falta de perdão faz com que você seja um morto-vivo.
- A falta de perdão é a prova de que a pessoa tem muito orgulho dentro dela.
- Tem pessoas que perdoam os outros, mas têm muita dificuldade para perdoar a si mesmas.
- Se Deus que é Deus te perdoa, quem é você para se autocondenar?
- Quando não perdoamos, queremos ser melhores do que Deus.

- Não importa o que você passou, não foi pior do que a morte de cruz que Jesus sofreu.
- Se Deus sendo Deus perdoou o que fizeram com o filho dEle, você também consegue perdoar quem te machucou.
- A falta de perdão é falta de sabedoria e conhecimento ou a falta de perdão é uma grande tolice.
- Jesus é o nosso maior exemplo de perdão.
- Os amigos de Jesus dormiram no momento em que Ele mais precisava, mas Ele os perdoou.
- Não importa a gravidade do seu pecado, se arrependa, peça perdão e descanse na certeza de que Deus te perdoa.
- Jesus é paciente.
- Antes de orar, examine se você precisa pedir perdão a alguém.
- Deus é amor, mas também é justiça.
- Quando você não perdoa o próximo, sua vida fica travada e Deus também não te perdoa.
- Quando você não perdoa, o céu fica travado para você.
- Satanás sempre vai querer que você guarde ódio, ofensa, mágoa e raiva em seu coração, justamente para travar sua vida.
- Perdão não é uma opção, é uma obrigação, um mandamento.
- A falta de perdão, inclusive, gera doenças psicossomáticas. Adoece a alma, o corpo e o espírito.
- De Gênesis a Apocalipse, Deus nos ensina sobre perdão.
- A falta de perdão afeta todas as áreas da nossa vida.
- Não espere as pessoas te pedirem perdão para você perdoar.

- O interesse de pedir perdão precisa ser nosso e não dos outros.
- Dê o primeiro passo, o perdão é benéfico para você. Perdoe!
- Se Jesus te perdoa, quem é você para não se perdoar?
- O sangue de Jesus é o único que tem o poder de nos purificar do pecado.
- Satanás está mentindo para você dizendo que o seu pecado é imperdoável.
- Precisamos nos arrepender sinceramente e de todo nosso coração para Deus nos perdoar do nosso pecado.
- Às vezes temos facilidade para perdoar grandes coisas e dificuldade para perdoar as coisas pequenas do cotidiano.
- Perdão não é sentimento, é decisão.
- Se você perdoar, vai ser perdoado e abençoado por Deus.
- Não é sobre ter razão ou ser abençoado, é sobre ser obediente.
- Perdoe hoje, amanhã pode ser tarde.
- Jesus não tinha culpa na cruz, mas Ele não esperou a multidão pedir perdão, Ele perdoou.
- Se acontecer alguma coisa com você hoje, você escolheu a bênção ou a maldição?
- Deus está te dando uma oportunidade de perdoar HOJE.
- Não deixe para amanhã aquilo que você pode fazer HOJE.
- Se você precisa perdoar alguém da sua família, igreja ou trabalho, faça isso HOJE mesmo.
- Tudo é possível para Deus.

- Deus não quer filhos perfeitos, mas deseja filhos verdadeiros e obedientes.
- Seja verdadeiro com Deus se você tem dificuldade para perdoar e clame a ajuda de Deus HOJE, Ele com certeza vai te ajudar.
- Sozinhos não conseguimos nada, mas com Jesus conseguimos tudo.
- Seja sincero, diga para Deus que você não quer perdoar, mas que vai ser obediente e fazer a vontade de Deus e não a sua.
- A nossa carne é vingativa, mas o nosso Deus é perdoador.
- Todas as vezes que perdoamos, alegramos o coração de Deus.
- A pessoa que não perdoa não tem paz.
- HOJE é o dia que Deus preparou para abrir os céus a seu favor, através do perdão.
- Peça perdão pelos erros da sua família e de seus antepassados.

PERGUNTAS PARA REFLEXÃO:

- Que tipo de amigo você é?
- Você é o amigo que ora, jejua ou dorme?
- Quantas vezes você acha que precisa se perdoar e perdoar o próximo?
- Como você acha que vai ter a salvação sem perdão?
- Qual erro você cometeu e quer se perdoar HOJE?
- Você quer ter razão ou ser perdoado?
- Você quer bênção ou maldição?

- O que você pode fazer hoje para alegrar o coração de Deus?

ORAÇÃO DO DIA:

Abba Pai, hoje quero te pedir perdão por todas as minhas falhas, erros, transgressões e iniquidades, quero te pedir que o Senhor passe com o Teu sangue poderoso do alto da minha cabeça até a planta dos meus pés para me limpar, me purificar e me transformar, porque eu sei que somente o sangue de Jesus tem poder para isso. Quero te pedir que, por favor, me ajude a me perdoar de todos os meus pecados desde que eu nasci e quero te pedir perdão pelos erros de toda a minha família e dos meus antepassados. E principalmente, Pai, que me ajude a perdoar todas as pessoas que me machucaram, me traíram, me abandonaram, me rejeitaram e que já me fizeram sofrer. [Fale em voz alta essa oração e fale em voz alta o nome das pessoas que te machucaram, por exemplo, eu libero perdão no mundo espiritual e físico para (diga o nome das pessoas)]. Obrigado, meu Deus, por me ajudar a perdoar todas as pessoas e por me perdoar de todos os meus pecados, em nome de Jesus. Amém!

O QUE JESUS ME REVELOU HOJE?

_____

_____

_____

_____

DIA 11

TEMA: Jesus é o primeiro
LOUVORES: Meu universo (PG), Prioridade (Midiã Lima), Desejo do meu coração (Davi Sacer)
VERSÍCULOS: Colossenses 1:16, Mateus 6:25-34.

> "Buscai, pois, em primeiro lugar, o seu reino e a sua justiça, e todas estas coisas vos serão acrescentadas."
> **(Mateus 6:33)**

- Jesus é o primeiro, ou seja, o filho número 1 de Deus, o primogênito.
- Jesus precisa ser a prioridade da nossa vida, o nº 1.
- A sua prioridade tem sido o trabalho, o dinheiro, a família e os amigos?
- Tem mulheres colocando marido e filhos como prioridade.
- Quando não colocamos Jesus como prioridade, estamos trilhando um caminho de destruição e morte.
- Deus muitas vezes cerca seus caminhos de espinhos para você não cair no buraco da depressão, suicídio e ansiedade.
- Sansão colocou Dalila em primeiro lugar no coração dele e sofreu muito por isso.
- Às vezes nos preocupamos com tantas coisas e esquecemos que a nossa preocupação número 1 precisa ser agradar e obedecer a Deus.

- Você precisa entender que, apesar das circunstâncias, problemas e dúvidas, Deus continua no controle de todas as coisas.
- Deus carrega toda água do mundo nas conchas de Sua mão, Ele sabe quantos fios de cabelo nós temos e Ele sabe tudo que precisamos.
- Ele sempre sustentará aqueles que são fiéis.
- Deus é um pai amoroso, Ele não é padrasto ou tio.
- Mesmo nos momentos difíceis e complicados, você precisa crer que Deus existe e é soberano.
- Se você está muito preocupado, não está confiando.
- Jesus anda na contramão do mundo.
- O mundo diz "não acorde cedo" e Deus diz "acorde de madrugada para me priorizar".
- O mundo diz "se preocupe com a sua vida", Deus diz "não se preocupe com a sua própria vida, pois eu cuido de você".
- Deus não quer filhos hipócritas, e sim verdadeiros.
- Nós somos provados por Deus para sermos aprovados.
- Somos traídos, maltratados, decepcionados e frustrados, pois as nossas prioridades estão erradas.
- Deus permitiu que você perdesse tudo, para você entender que o seu tudo é Ele.
- Ele é suficiente!
- A maior riqueza de sua vida tem um nome, e chama-se Jesus Cristo.
- Aceite! Deus sabe o que é melhor para você.
- Deus prefere ver a gente perdendo coisas, do que nos perder.
- Não espere Deus tirar coisas para você entender que somente Ele e ninguém mais é tudo para você.
- O melhor presente é Jesus.
- Tudo aqui na terra é passageiro.

- Pare de buscar as coisas da Terra como se fossem eternas e as coisas do céu como se fossem passageiras.
- Precisamos colocar as coisas na ordem certa, ordem divina.
- Busque a Deus em primeiro lugar e Ele suprirá todas as suas necessidades.
- A medida de Deus é sacudida, recalcada e transbordante.
- Se colocarmos Deus em primeiro lugar, viveremos o melhor desta Terra.
- Ele só vai te dar as bênçãos quando você decidir primeiro obedecê-lo.
- Você coloca Jesus em primeiro lugar quando obedece a seus mandamentos.
- Você coloca Jesus em primeiro lugar quando todos os dias da sua vida busca conhecê-lo mais e mais através da leitura da Bíblia e da oração.

PERGUNTAS PARA REFLEXÃO:

- Quem está em primeiro lugar em sua vida?
- Qual ou quem é a sua prioridade?
- Será que você confia verdadeiramente em Deus?
- Você busca a Deus pela presença ou pelos presentes?
- Por que não estou vivendo as bênçãos e as promessas de desfrutar o melhor desta Terra?
- Quanto tempo do seu dia você dedica para Deus?
- Quanto tempo do dia você passa orando?

ORAÇÃO DO DIA:

Paizinho querido, perdão pelo tempo que entreguei o trono do meu coração a outros deuses e não te priorizei. Mas, aqui estou, pois agora reconheço meu pecado e te peço, ensina-me a colocá-lo como prioridade em minha vida. Ajude-me a colocá-lo no trono do meu coração como prioridade e viver uma vida na ordem divina. Ensina-me, Pai, a te buscar e te obedecer todos os dias da minha vida, me ensina a orar e passar tempo lendo, estudando e meditando em tua palavra, Pai, em nome de Jesus. Amém!

O QUE JESUS ME REVELOU HOJE?

_____

_____

_____

_____

_____

DIA 12

TEMA: Como buscar Jesus?
LOUVOR: Na mesa (Luma Elpídio)
VERSÍCULOS: Jeremias 29:13, 1 Tessalonicenses 5:17, Hebreus 12:28-29, Hebreus 10:22, 1 Tessalonicenses 5:18, 1 João 1:9, Gálatas 5:16, Salmos 117:1.

> "Buscar-me-eis e me achareis quando me buscardes de todo o vosso coração."
> **(Jeremias 29:13)**

- Buscar Jesus da forma correta exige esforço e dedicação.
- Precisamos buscar Jesus na fonte certa.
- Você precisa reconhecer que buscar Jesus diariamente é a maior e principal necessidade da sua vida.
- Muitas pessoas vão à igreja, assistem a ministrações, mas não bebem da fonte certa.
- Todas as vezes que eu bebo da fonte certa eu sou renovado.
- Buscar significa se esforçar para descobrir ou encontrar algo ou alguém.
- Buscar é examinar minuciosamente, pesquisar e esquadrinhar.
- Jesus está disponível para aqueles que estão dispostos a buscá-lo.
- Jesus só se revela para aqueles que o buscam.

- Instagram, Youtube e redes sociais não são as fontes certas para buscar Jesus.
- A fonte inesgotável para você gastar tempo, transbordar e saciar-se chama-se Palavra de Deus (a Bíblia Sagrada).
- As redes sociais são limitadas, mas a Bíblia é ilimitada e tem poder de transformar as trevas em luz, dor em cura, humilhação em honra.
- Quanto mais você buscar a Deus, mas completo e feliz será.
- O que você mais precisa não é dinheiro, casa, fama, trabalho e marido/esposa, e sim conhecer Jesus.
- Buscar Jesus é se relacionar com Ele.
- Buscar Jesus é passar tempo com Ele.
- Deus quer ter intimidade com você.
- De todas as coisas que você possa viver ou fazer na Terra, nada se compara ou é mais importante do que se relacionar com o Pai.
- Muitos não buscam pois não aprenderam a buscar a Deus da forma correta.
- Nós precisamos buscar a Deus de todo o coração.
- O nosso nível de busca está atrelado ao nosso nível de amor.
- Quando amamos, queremos estar perto e sentimos saudades.
- Quando você passa tempo na palavra, você alegra Jesus e demonstra amor por Ele.
- Quem ama é presente e constante.
- Você sempre encontra um jeito, uma maneira para estar perto da pessoa que ama.
- Quem ama Jesus passa tempo com Ele na palavra e na oração.
- Quando estamos com pressa ou atrasados, não priorizamos o tempo com Deus.

- Nós mostramos o nosso nível de amor, através do nível de compromisso.
- Quando você faz sua parte, Deus faz a parte dEle.
- Às vezes queremos receber o milagre, mas não queremos ter uma aliança de compromisso com o provedor do milagre.
- Às vezes queremos ter tempo de namoro com Deus, mas Ele deseja ter um casamento, ou seja, um relacionamento sério e profundo.
- Jesus quer ter uma aliança de compromisso com você.
- Não se trata do que fazemos e sim de quem somos.
- Quando você obedece, Deus age ao nosso favor e nos protege.
- Prossiga em conhecer Jesus com temor e reverência.
- Não fique preocupado em agradar aos homens e sim em obedecer e agradar a Jesus.
- Deus é amor, mas também é fogo consumidor.
- Pare de querer limitar a Deus por causa dos seus limites.
- Nós precisamos nos aproximar de Deus com um coração sincero e verdadeiro.
- Deus não se relaciona com mentira e melancolia.
- Passos para buscar a Deus:
  1º Gratidão
  2º Perdão e arrependimento
  3º Santidade
- Pedir perdão é igual a tomar banho, é se limpar todo dia.
- Você se conecta com Deus através do Espírito e não da carne.

PERGUNTAS PARA REFLEXÃO:

- Como buscar Jesus da forma correta?
- Você tem examinado minuciosamente Jesus?
- Quem você tem investigado?
- Será que você tem buscado na fonte certa?
- Onde você está gastando o seu tempo?
- Quanto você tem amado Jesus?
- Quantas vezes você negociou o seu tempo de oração com Deus?
- Quantas vezes fizemos um compromisso com Deus e não cumprimos?
- Das 24 horas que Deus te dá, qual o tempo que você devolve para Ele?
- Será que você deixa de seguir a Jesus quando Ele não te responde?
- Quanto tempo por dia você dedica 100% para Jesus?

ORAÇÃO DO DIA:

Senhor me ensina a te conhecer face a face, perdão pelos meus erros e pelo tempo que não tive compromisso contigo, mas hoje eu declaro que quero ter um compromisso contigo de amor e obediência. Quero dedicar tempo de qualidade para te conhecer de fato e de verdade meu Pai, me ajuda, me ensina, pegue na minha mão, porque eu quero te conhecer verdadeiramente, quero conhecer teu coração, teu caráter e quero ser cada dia mais parecido com o Senhor, quero ser a tua imagem e semelhança porque foi isso que o Senhor escolheu pra mim, eis-me aqui Abba Pai, por favor se apresenta pra mim como o Senhor nunca se apresentou antes, quero te conhecer no nível mais profundo de intimidade, quero que o Senhor seja o meu melhor amigo, em nome de Jesus. Amém!

O QUE JESUS ME REVELOU HOJE?

_____

_____

_____

_____

_____

_____

DIA 13

TEMA: Os hábitos de Jesus
LOUVORES: Referência (Leandro Borges e Cristina Mel), Ele não desiste de você (Marquinhos Gomes)
VERSÍCULO: Lucas 22:39-45.

> "Chegando ao lugar escolhido, Jesus lhes disse: Orai, para que não entreis em tentação."
> **(Lucas 22:40)**

- Jesus nos ensinava pelo exemplo.
- Precisamos conhecer os hábitos de Jesus para imitá-los.
- Monte quer dizer um lugar onde eu me retiro para buscar a Deus.
- Jesus tinha o hábito de ir ao monte para se retirar da multidão e orar.
- Que tenhamos o hábito de se separar e se consagrar para buscar a Deus.
- A gente sai para a academia, mercado, trabalho e encontramos tempo para tudo, menos para Deus.
- Você precisa ter tempo de secreto com Deus.
- Os discípulos seguiam Jesus.
- Imagine se você conhecesse Jesus com a mesma intensidade que você conhece as pessoas.
- Quando Jesus chegou no monte Ele orou e vigiou.

- Você está caindo na tentação porque está orando pouco, e quando ela vem está fraco.
- Satanás precisa sair correndo de sua vida.
- Ore e vigie sem cessar para não cair em tentação.
- Não tenha pressa de ler a Bíblia, desfrute o privilégio de poder lê-la.
- Ela precisa ser degustada, estudada, meditada e comtemplada.
- Ajoelhar-se ao Senhor é uma forma de rendição, dependência e submissão.
- Jesus é o caminho a verdade e a vida.
- O caminho já existe, é só seguir Jesus.
- Jesus nos ensina a ser sincero.
- Para Deus podemos contar tudo. Nossos medos, inseguranças, frustrações e sonhos.
- Jesus tinha o hábito de mostrar para Deus o seu lado humano e frágil.
- Se você escolher viver a vontade de Deus como Jesus, Ele enviará anjos para te ajudar e fortalecer.
- Quando Jesus estava angustiado, Ele orava ainda mais.
- Nos momentos de angústia, Satanás induzirá a gente a não orar.
- Pare de fazer as coisas do seu jeito e faça do jeito de Deus.
- A vida com Jesus é simples.
- Continue orando em meio as lutas.
- No momento da dor você ora ou dorme?
- Precisamos ter o hábito de Jesus de ensinar com amor e firmeza.
- Em nenhum momento Jesus desistiu dos discípulos.
- Não pare ou desista de ser exemplo para os outros.
- Que possamos ter os hábitos de Jesus: Gratidão, obediência, sinceridade e perseverança, humildade,

amor, excelência e tantos outros que você aprenderá aqui nesse livro e principalmente na Bíblia.
- Todos os hábitos de Jesus estão na Bíblia, ela está à sua disposição para você estudar e imitá-lo.
- Não desista das pessoas, pois Jesus não desistiu de você.

PERGUNTAS PARA REFLEXÃO:

- Você conhece os hábitos de Jesus?
- Quais são os seus costumes e hábitos?
- Os seus hábitos e costumes tem agradado o coração de Deus ou a sua carne?
- Onde é o seu monte?
- Você tem um monte?
- Você tem seguido Jesus ou influenciadores?
- Quem você está seguindo, Jesus ou homens?
- Até quando você vai valorizar mais as coisas da Terra do que as coisas do céu?
- Qual foi a última vez que você se ajoelhou na presença de Deus?
- Quando você está angustiado, o que você faz? Murmura, grita, come, bebe, fuma ou ora?
- Quais são os seus hábitos na hora da angústia?
- Você faz do seu jeito ou do jeito de Jesus?
- Que horas e quando você vai para o monte?
- Até quando você vai saber mais de medicina, política, moda etc., mais do que saber sobre Deus?

ORAÇÃO DO DIA:

Senhor, obrigado por deixar a Bíblia como manual de instruções, com todos os seus hábitos e mandamentos, obrigado por não ter desistido de nós. Ajuda-me a passar mais tempo lendo a Bíblia e te conhecendo de verdade, me ensina a obedecer e praticar os seus mandamentos. Perdão pelas vezes que obedeci e copiei os hábitos das pessoas, me ajuda a partir de hoje a ser imitador dos teus hábitos. Pai, envia um anjo para me fortalecer e me ajudar a suportar as tentações e a permanecer firme no Senhor, em nome de Jesus. Amém!

O QUE JESUS ME REVELOU HOJE?

_____

_____

_____

_____

_____

_____

DIA 14

TEMA: O poder de Jesus
LOUVORES: Autor da vida (Aline Barros), Olharei para o alto (Midiã Lima), Apenas um toque (Fernanda Brum)
VERSÍCULOS: Jó 42, Filipenses 2:13, Salmos 121:1-4, Lucas 8:40-44, Filipenses 2:10, Mateus 19:26, Jeremias 10:12, Salmos 66:7.

> *"Jesus, fitando neles o olhar, disse-lhes: Isto é impossível aos homens, mas para Deus tudo é possível."*
> **(Mateus 19:26)**

- Todo poder no céu e na Terra foi entregue a Jesus.
- O poder de Deus não se compara a nenhuma pessoa ou coisa.
- Deus é tudo e o Todo Poderoso de Israel.
- Não compare Deus com o homem.
- Ele é o Grande Eu Sou.
- Deus tem todo o poder de fazer o que quiser, como quiser e na hora que quiser.
- Quando experimentamos o poder de Deus, tudo é transformado em nossa vida.
- Para experimentar o poder de Deus, você precisa confiar completamente nEle.
- Deus não obriga ninguém a nada.
- O seu problema e a sua dor não limitam o poder de Deus.
- Deus não perdeu o controle de nada.

- Pare de olhar para as coisas da Terra e olhe para o céu.
- Talvez você não esteja experimentando o poder de Deus, pois você não está levantando os seus olhos para Deus.
- No mundo, para você não tropeçar, precisa olhar para frente, mas no espiritual você precisa olhar para o alto, para Jesus.
- O mundo manda você olhar para frente, mas Deus manda você olhar para cima.
- Você sabe quem é Deus conhecendo e imitando os hábitos de Jesus.
- Pare de olhar para a multidão e olhe para Deus.
- Você não é todo mundo, Deus é onipotente, onipresente e onisciente, por isso somos todos únicos.
- No meio da multidão, Ele te enxerga.
- O mundo pode ter 7 bilhões de pessoas, mas Deus consegue olhar, perceber e enxergar você.
- A mulher hemorrágica tocou em Jesus de forma diferente. Ela o tocou com fé.
- Ela sabia que o milagre dela só dependia do poder de Deus.
- Precisamos colocar nossa fé em ação com atitudes de fé e humildade.
- Muitas vezes não temos experimentado o poder de transformação, pois não tocamos em Jesus da forma certa.
- A mulher não olhou para o seu problema ou para a multidão, ela só olhou para Jesus.
- O poder de Deus está disponível para todos aqueles que tocarem em Jesus com fé.
- Jesus sempre fará a parte dele. Mas nós precisamos fazer a nossa parte.
- O desejo de Jesus é curar, transformar e liberar poder.

- Jesus governou, governa e continuará governando para sempre.
- Não se fortaleça em suas habilidades, competência, inteligência, amigos, pastor ou outras pessoas.
- Maldito o homem que confia no homem, a sua confiança precisa estar em Deus.
- Você toca em Jesus com verdade, humildade, generosidade e atitude de fé.
- Jesus não quer te punir, Ele quer te ver sorrir.
- Jesus quer tirar toda a sua dor e te dar vestes de louvor e alegria.
- Você só precisa confiar e tocar em Jesus com fé.
- Você pode tocar em Jesus HOJE através de uma atitude de fé.
- Receba a cura através do poder de Jesus AGORA.

PERGUNTAS PARA REFLEXÃO:

- De onde vem o seu socorro?
- Como obedecer a Deus?
- Onde é a sua dor?
- Como você tem tocado em Jesus, de qualquer jeito ou com fé?
- Como tocar em Jesus da forma certa?

ORAÇÃO DO DIA:

Espírito Santo, me ensina a te tocar da forma correta, para experimentar o teu poder. Perdão pelas vezes em que olhei para as pessoas e para as circunstâncias, ao invés de olhar para o alto, para o teu poder. Ajuda-me a confiar completamente no teu poder, me ensina a te buscar, te obedecer e te tocar ainda hoje. Pai, por favor, me cura e me liberta de todas as dores da minha alma, de todos os traumas do meu passado e de toda enfermidade que estiver no meu corpo, na minha alma e no meu espírito, eu creio e confio que o poder que está no sangue de Jesus pode me curar e me libertar agora, para que eu possa ser uma testemunha do Senhor aqui na Terra, meu Deus, é o que eu te peço, Pai, por favor me cura e me liberta por completo, em nome de Jesus. Amém!

O QUE JESUS ME REVELOU HOJE?

_____

_____

_____

_____

_____

_____

DIA 15

TEMA: A dependência de Jesus
LOUVORES: Eu me rendo (Renascer), Dependente (Amanda Wanessa), Em teus braços (Gabriel Guedes)
VERSÍCULOS: João 15:5, Salmos 118:5, Salmos 94:18, Romanos 12:16, Salmos 121:3; Isaías 41:13, Provérbios 3:5-6.

" Eu sou a videira, vós, os ramos. Quem permanece em mim, e eu, nele, esse dá muito fruto; porque sem mim nada podeis fazer."
(João 15:5)

- Se você dependesse de Jesus, confiaria 100% na vontade dEle.
- Quando você depende de Deus, sua confiança não é decepcionada.
- Deus ainda realiza sonhos, quando você decide depender dEle.
- Aqueles que pensam que estão em pé, cuidado para que não caiam.
- Jesus dependia exclusivamente do Pai.
- Jesus quer sondar seu coração, tirar sua independência, egocentrismo, soberba e orgulho.
- Não é na sua dependência que você conseguirá nada com Deus.

- Nós nascemos com o propósito de sermos dependentes de Deus.
- Muitas pessoas dependem emocionalmente de outras pessoas. E não conseguem cortar laços prejudiciais.
- Você não nasceu para ser dependente químico ou pornográfico, e sim dependente de Deus.
- Você não precisa ser dependente de um marido, remédio ou dinheiro, você precisa ser dependente de Jesus.
- Ele é a fonte de água viva que matará a sua sede.
- Você precisa depender de Deus, pois no momento da sua dor, Ele será o seu porto seguro.
- O seu sustento não depende da sua capacidade, competência e habilidade.
- O nosso valor não está no que temos ou fazemos, e sim em sermos filhos amados do Pai.
- Você é um filho e pode se jogar nos braços do seu Pai sem se preocupar com o futuro, porque seu Pai sabe cuidar perfeitamente de você.
- O nível de confiança de uma criança nos pais é algo que precisamos imitar.
- Não compare Deus com homens. Ele não maltrata, não mente e não frustra.
- Deus cura, liberta, purifica, restaura, restitui e transforma.
- Nós precisamos ser dependentes do nosso Papai.
- Tudo que temos é de Deus.
- Dependemos de Deus até para respirar.
- Não é sobre a sua dependência em si mesmo, é sobre confiar completamente em Deus.
- Quando você é filho na Terra, é filho no céu.
- O status de filho dependente é válido na Terra e no céu.
- Chega de se preocupar em ser o que o mundo quer que você seja.

- Seja quem Deus deseja.
- Aquele que te guarda não dorme. Não temas, Deus é contigo.
- Não se desespere, não entre em pânico. Você tem um Deus que te ama.
- Não é sobre confiar no mundo, e sim em Jesus.
- Sem o Espírito Santo você não pode fazer nada.
- Deus te chamou para viver, brilhar, fluir e dar muitos frutos na Terra.
- Se volte para Deus e dependa dEle.
- Não importa o tempo que você passou no deserto, Deus fará você dar muitos frutos.
- A falta de dependência gera paralisia.
- Sozinhos nada somos.
- Mas com Deus podemos todas as coisas, porque Ele nos fortalece para isso.

PERGUNTAS PARA REFLEXÃO:

- Será que você é realmente dependente de Jesus?
- Você depende de Jesus ou das suas competências?
- Será que você depende de Jesus com as suas palavras e atitudes?
- Qual é a área da sua vida em que você precisa ser dependente de Deus?
- Sua confiança está em Deus?
- Quem você é?

ORAÇÃO DO DIA:

Pai, eu reconheço que sem o Senhor eu nada posso fazer e nada sou. Perdão pelo tempo em que tentei fazer tudo sozinho, com a força do meu braço. Estou voltando para os teus braços hoje e volto para a dependência de ti, Jesus, me perdoa pelo tempo que fui independente, mas a partir de hoje decidi depender completamente do Senhor. Tu és o meu Senhor e salvador. Abba Pai, eu declaro que confio completamente em ti e sou totalmente dependente de ti, em nome de Jesus. Amém!

O QUE JESUS ME REVELOU HOJE?

_____

_____

_____

_____

_____

DIA 16

TEMA: Jesus, nosso redentor
LOUVOR: Adorai ao Rei (Leandro Borges)
VERSÍCULOS: Isaías 54:1-6, Lucas 1:37, Salmos 24.

> " Canta alegremente, ó estéril, que não deste à luz; exulta com alegre canto e exclama, tu que não tiveste dores de parto; porque mais são os filhos da mulher solitária do que os filhos da casada, diz o Senhor."
> **(Isaías 54:1)**

- Redenção significa: Resgate, perdão, justiça e vida eterna.
- Jesus veio para nos resgatar da morte para a vida eterna.
- O sangue de Jesus é suficiente para nos perdoar dos nossos pecados.
- Redenção é o melhor presente que Jesus poderia nos dar.
- Cante, pois a sua esterilidade não te define.
- A mulher abandonada tem o melhor marido, Jesus Cristo é o seu marido.
- Jesus nunca te abandonará, faça chuva ou faça sol.
- No céu não existe limite, ele é ilimitado.
- Deus quer te levar para um nível de profundidade da presença dEle.
- Para Deus nada é impossível, prepare-se para crescer não com a limitação da Terra ou do mundo, mas no poder ilimitado do Espírito Santo.

- Quando oramos e lemos a Bíblia, estamos alargando as tendas e fincando novas estacas.
- Quando você entrega suas primícias, jejuns e orações, você está crescendo no céu.
- O passado faz a gente ter medo, porque trazemos as lembranças dele para o nosso presente.
- Precisamos esquecer o passado e olhar para o futuro.
- Quando focamos no passado, focamos nas decepções e frustrações.
- Não tenha medo!
- Quem vive de passado é museu.
- Se suas estacas estiverem fincadas em Jesus, você não será decepcionado, humilhado, rejeitado e nem envergonhado.
- Deus é um Deus completo.
- Não importa se você é uma pessoa que já foi abandonada, rejeitada ou viúva, Jesus é o seu redentor, o teu salvador e resgatador.
- O nosso criador é o nosso marido, Jesus Cristo.
- Ele sempre esteve ao nosso lado, Ele nunca nos abandonou e está conosco o tempo todo. Somos nós que o abandonamos.
- Com bondade eterna e compaixão, Ele nos resgatou e perdoou.
- Você tem um redentor que salva, perdoa e te busca onde você estiver.
- Você pode estar num vale profundo, no monte mais alto ou no melhor esconderijo, Jesus é o seu redentor.
- Não aceite as mentiras de Satanás, pois o seu redentor vive.
- Você é salvo pelo Rei da glória e Ele nunca perdeu uma batalha.
- Abra hoje a porta do seu coração para o Rei da glória.

- Quando Jesus está na sua vida, Ele transforma tudo por completo.

PERGUNTAS PARA REFLEXÃO:

- Qual área da sua vida está estéril?
- Como finco estacas?
- O que te faz ter medo?
- Será que nós estamos com o Espírito Santo em todos os momentos?

ORAÇÃO DO DIA:

Obrigado porque todos os dias o Senhor tem estado comigo. Obrigado por me salvar e me mostrar que não sou abandonado e nem rejeitado. Perdão pelo tempo que não reconhecemos o teu poder. Obrigado, Abba Pai, por ser meu redentor, meu resgatador, aquele que morreu na cruz por mim para perdoar todos os meus pecados, obrigado por nunca desistir de mim. Pai, me ensina a caminhar de mãos dadas contigo 24 horas por dia, na certeza absoluta de que o Senhor está comigo, me guardando e protegendo, em nome de Jesus. Amém!

O QUE JESUS ME REVELOU HOJE?

_____

_____

_____

_____

_____

_____

DIA 17

TEMA: À espera de Jesus
LOUVOR: A resposta (Thalles Roberto)
VERSÍCULOS: Isaías 40:31, Salmos 27:13-14, 2 Pedro 3:19, Deuteronômio 28, Tiago 5:7-8, Salmos 10:5-6, Provérbios 10:22, Colossenses 1:20.

> *"Mas os que esperam no Senhor renovam as suas forças, sobem com asas como águias, correm e não se cansam, caminham e não se fatigam."*
> **(Isaías 40:31)**

- Ninguém gosta de esperar.
- Nós temos uma tendência de detestar a espera.
- Uma mãe, quando engravida, precisa esperar 9 meses (gestação).
- Existe um segredo na espera, ela é para você se relacionar com Deus.
- A espera é igual ao processo.
- O processo é para aprender a se relacionar com Deus.
- Deus sabe quando e como as coisas devem acontecer.
- Tenha a confiança de que Deus está no controle.
- Deus sempre faz tudo no tempo perfeito.
- As coisas não acontecem no nosso tempo, as coisas de Deus acontecem no tempo dEle.
- Saber esperar no Senhor é o segredo para alcançar a vitória.

- Não se trata de entender; você só precisa confiar.
- Não é sobre o que você faz, é sobre o que Deus faz.
- Deus faz quando você escolhe obedecer.
- O seu papel é vigiar, orar, jejuar, ler a Bíblia, obedecer, confiar e descansar.
- Entrega nas mãos de Deus e confia nEle.
- A bondade de Deus é que faz.
- Deus quer nos usar. Eis-me aqui Senhor.
- Não queira fazer o papel do Espírito Santo.
- As nossas guerras nós vencemos de joelhos no chão.
- Jesus quis nos ensinar o princípio da espera e da obediência.
- 30 anos de preparo e espera para se cumprir em 3 anos de ministério.
- Jesus sabia esperar.
- Jesus vai voltar para nos buscar.
- Jesus está esperando o dia da volta para nos buscar.
- Existe beleza, graça e poder na espera.
- Os que esperam no Senhor renovam as suas forças.
- A espera do homem é parada, a espera do céu é voando.
- Quem espera no Senhor vive o renovo.
- Você viverá até ver a vontade de Deus se cumprir na Terra.
- Quem espera no Senhor é forte e corajoso.
- Deus não está demorando, Ele está esperando você se arrepender.
- Quando eu tenho que dar o "sim" para Deus, Ele espera. E quando é Deus que pede para você esperar, aí você não quer.
- Deus está vendo que você quer dar uma de "louca".
- Espera, porque Deus sempre tem o melhor para você.
- Quando você espera no Senhor Ele te abençoa.
- Quando você espera no Senhor, você espera com alegria.

- A espera da Terra é com choro.
- Deus é um Deus de perfeição.
- Esperar com paz, tranquilidade e paciência. O tempo de Deus é perfeito.
- Que a sua espera não se limite às coisas desta Terra.
- Jesus é o nosso exemplo de saber esperar.
- No tempo certo todas as promessas de Deus vão se cumprir na sua vida.

PERGUNTAS PARA REFLEXÃO:

- Como você está esperando?
- Você está esperando na carne ou no Espírito?
- Você tem perseverado?

ORAÇÃO DO DIA:

Abba Pai, hoje eu quero te pedir, por favor, me ajude a saber esperar o teu tempo, me ensina que o teu tempo é perfeito, que o Senhor não chega atrasado e nem adiantado, o Senhor chega na hora exata. Pai, por favor me ensina a me relacionar de verdade enquanto eu espero a tua vontade se concretizar em minha vida, porque a tua vontade é sempre boa, perfeita e agradável. Espírito Santo, por favor seja meu melhor amigo, meu mestre, meu professor nesse processo de aprender a esperar, em nome de Jesus. Amém!

O QUE JESUS ME REVELOU HOJE?

_____

_____

_____

_____

_____

_____

DIA 18

TEMA: A entrega de Jesus
LOUVOR: Entrega (Daniela Araújo)
VERSÍCULOS: João 3:16, João 15:13, Salmos 37:1-5.

> *"Entrega o teu caminho ao Senhor, confia nele, e o mais ele fará."*
> **(Salmos 37:5)**

- Temos motivos de sobra para nos alegrarmos, pois Jesus se entregou por amor a mim e a você.
- Entrega significa: Ato ou efeito de entregar, é o fazer chegar, é o dar.
- No céu houve duas entregas, a de Deus e a de Jesus.
- Jesus disse sim para o chamado de Deus.
- Talvez você se sinta abandonado, mas isso é um engano de Satanás, pois Jesus se entregou por nós.
- Muitas vezes corremos atrás da atenção das pessoas da Terra, mas Jesus entregou a vida por amor a você.
- Sua vida está triste ou depressiva porque você está entregando seu coração para as coisas e pessoas indevidas.
- Tudo que o mundo te der ele cobra um alto preço.
- O mundo te dá tudo, mas depois te deixa vazio.
- Diga sim para Deus.
- Jesus renunciou à sua própria vida, para descer do céu, viver 33 anos e morrer na cruz.
- Jesus não tinha sucesso e fama.

- Jesus renunciou às coisas do céu para vir à Terra por nós, para nos buscar, para nos salvar, para nos dar o direito de sermos feitos filhos de Deus.
- Diga não à sua carne e aos desejos carnais. E se entregue para Jesus.
- A entrega de Jesus é um presente para nossas vidas.
- Jesus morreu em nosso lugar. Mas quem merecia ser crucificado éramos eu e você.
- Todo sofrimento de Jesus foi por amor a Deus e por isso somos livres.
- A morte e a ressurreição de Jesus são a nossa salvação.
- Valorize e contemple a entrega de Jesus.
- A ingratidão e a injustiça são detestáveis para Deus.
- Às vezes somos tão mesquinhos que não conseguimos entregar nem uma hora para Deus.
- Se você se entregou a Jesus, as suas atitudes precisam ser de obediência, ou seja, elas precisam comprovar a sua entrega.
- Uma pessoa verdadeiramente entregue a Jesus come, anda e faz o que Ele quer.
- Jesus sabe o que é melhor para você.
- A melhor decisão é você se entregar a Jesus.
- Vivemos angustiados com o dia de amanhã porque não entregamos nossa vida completamente para Jesus.
- Se vivemos uma vida de insônia e ansiedade é porque não a entregamos a Jesus.
- Quando você entrega a vida a Jesus, você descansa, espera e dorme em paz.
- Jesus te faz um convite HOJE, Ele quer te levar para águas tranquilas e pastos verdejantes.
- Deus sabe cuidar de você como ninguém.
- Se Jesus se entregou, quem somos nós para não nos entregarmos?

- A melhor decisão da sua vida é se entregar HOJE para Jesus e deixar Ele cuidar de você.
- Essa escolha você pode fazer HOJE, AGORA.
- Escolha Jesus e veja sua vida ser totalmente liberta, curada e transformada.

PERGUNTAS PARA REFLEXÃO:

- Por que você fica entregando o seu coração para os homens?
- Para quem você está entregando a sua vida? Vícios, paixões, sexo ou dinheiro?
- Para quem você tem entregado os melhores anos da sua vida?
- O que você pode abrir mão na Terra para Deus?
- Você se entregaria por alguém?
- Seu coração queima pelas coisas do mundo ou pelas coisas de Deus?

ORAÇÃO DO DIA:

Pai, assim como o Senhor se entregou na cruz, hoje eu me entrego por completo e de todo o coração, sem reservas para o Senhor, cuida da minha vida, dos meus pensamentos, dos meus sentimentos, das minhas palavras, das minhas ações e atitudes. Espírito Santo de Deus, por favor guie, conduza, controle, governe e lidere minha vida. Eu sou 100% teu, Senhor, em nome de Jesus. Amém!

O QUE JESUS ME REVELOU HOJE?

_____

_____

_____

_____

_____

_____

DIA 19

TEMA: A confiança de Jesus
LOUVOR: Referência (Leandro Borges e Cristina Mel)
VERSÍCULOS: Mateus 14:21, Filipenses 1:6, Romanos 8:39, João 16:33, Colossenses 3:2, 1 João 5:14.

> *"Pensai nas coisas lá do alto, não nas que são aqui da terra."*
> **(Colossenses 3:2)**

- Podemos nos espelhar na confiança de Jesus e não dos homens.
- Tem dias que acordamos animados, mas tem outros que levantamos incrédulos de tudo.
- Não se espelhe em pessoas, e sim em Jesus.
- Enquanto os olhos de Pedro estavam fixos em Jesus, Ele não afundou. Ficamos incrédulos quando olhamos para os problemas e circunstâncias.
- Se mantivermos nossa fé em Jesus, vamos ter confiança nEle.
- Precisamos imitar Jesus e buscar a Deus como Ele buscava.
- Até a forma de comemorar de Jesus não era na multidão e sim no secreto.
- A gente quer ter a confiança de Jesus, mas não queremos ter os hábitos dEle.

- Jesus estava na multidão para ensinar, curar e alimentar.
- Para você ter a confiança que Jesus tinha, você precisa ter o secreto que Ele possuía.
- Tem mães que anulam suas vidas pelos filhos e maridos.
- Pare de colocar sua mãe, filhos ou marido no lugar de Deus.
- Coloque ordem divina em sua vida. Jesus precisa estar em primeiro lugar.
- A sua confiança precisa estar 100% em Jesus.
- Nada nem ninguém poderá nos separar do amor de Deus.
- Tem gente que só confia em Deus quando está tudo bem.
- Jesus é verdadeiro e não nos engana, "no mundo tereis aflições".
- São nos momentos difíceis de dor e aflições que temos que confiar em Jesus.
- No momento de aflição, medo e desespero apenas confie e obedeça.
- O nosso campo de batalha é a nossa mente.
- Satanás sabe que, se ele entrar em nossa mente, ele nos desestabiliza.
- Ele tenta colocar pensamentos para destruir nossa confiança em Deus.
- Quando você acordar desanimado ou triste, vá para a Bíblia e tenha tempo no secreto com Deus.
- Deus ama filhos sinceros, pode contar tudo para Ele.
- Essa situação desagradável é a permissão de Deus para fortalecer sua fé e te levar a um nível de confiança maior.

- Ele quer te dar autoridade para você ajudar outras pessoas.
- As nossas experiências geram autoridade e confiança.
- Antes do milagre tem o processo.
- A vida com Deus é uma vida de milagre e processo.
- A gente quer virar borboleta sem passar pelo processo da lagarta.
- Você precisa aceitar o processo.
- O milagre sem o processo nos torna filhos mimados.
- Às vezes demoramos para sair do deserto devido à nossa falta de confiança em Deus.
- Um filho maduro pede a vontade de Deus, mas um filho imaturo pede a sua própria vontade.
- Sem proximidade com Deus ficamos fracos.
- Você só confia em quem você convive e tem intimidade.
- Quanto mais você se aproxima de Jesus, mais confiante será.

PERGUNTAS PARA REFLEXÃO:

- Você prefere secreto ou multidão?
- Você quer ter a confiança de Jesus?
- Será que a sua entrega para seus filhos é maior que a sua entrega para Deus?
- De 0 a 10, quanto você confia em Deus?
- O que você faz quando o problema chega?
- Será que você realmente crê no que está na Bíblia?
- Por que sua fé está pouca?
- Como confiar mais em Jesus?

ORAÇÃO DO DIA:

Paizinho, me ajuda a me aproximar mais de ti e ser mais confiante para enfrentar meus processos com confiança. Pai, me ensina a confiar no processo, me entregar ao processo e desfrutar dele, porque é justamente através do processo que aprendo a me relacionar com o Senhor. Pai, eu anseio, eu desejo ter mais intimidade contigo. Espírito Santo, eu tenho fome de ti. Pai, eu tenho sede de ti. Pai, eu quero te conhecer melhor e confiar plenamente no Senhor, em nome de Jesus. Amém!

O QUE JESUS ME REVELOU HOJE?

_____

_____

_____

_____

_____

DIA 20

TEMA: A excelência de Jesus
LOUVORES: De volta à vida (Renascer Praise), Quero alegrar teu coração (Ministério Ebenezer)
VERSÍCULOS: Romanos 12:1, Jeremias 48:10, Efésios 3:20, Gênesis 1:1, João 2:10, Gênesis 1:27, João 3:16, Hebreus 11:4, Daniel 6:3, Eclesiastes 9:10, 1 Tessalonicenses 5:18, Lucas 10:27, Mateus 5:16, Romanos 12:2, 2 Timóteo 2:15, 2 Coríntios 8:7.

> "Tudo quanto fizerdes, fazei-o de todo o coração, como para o Senhor e não para homens."
> **(Colossenses 3:23)**

- Excelência não é ser perfeito, é exercer algo da melhor forma possível.
- Deus faz o melhor, Ele não faz de qualquer jeito.
- Muitas vezes queremos ter uma vida de excelência, mas entregamos o nosso pior.
- Para Deus não podemos fazer nada "meia-boca" e de qualquer jeito, pois Ele sempre faz o melhor.
- Se você quer viver uma vida extraordinária, faça o extraordinário.
- As primícias não são só do dinheiro, são de tudo: orações, secreto, tempo e alegria.
- O melhor da sua vida precisa ser para Deus.

- Aquilo que você tem entregado para Deus tem sido com excelência ou de qualquer jeito?
- Jesus não faz nada de qualquer jeito, é tudo de primeira.
- Deus criou o homem e a mulher à sua imagem e semelhança.
- Tem pessoas que fazem tudo de qualquer jeito.
- Quem faz as coisas de qualquer jeito não agrada a Deus.
- Tudo que Deus faz é perfeito.
- Se você dá para Deus algo mais ou menos, você receberá o mais ou menos.
- Venha do jeito que você está, mas aos poucos Deus vai te ensinar a fazer coisas com excelência.
- Deus rejeitou a oferta de Caim e aceitou a de Abel, pois a de Abel foi com excelência.
- Daniel se destacava, pois serviu a Deus com excelência.
- Deus só coloca entre os privilegiados quem faz com excelência.
- O que você tiver que fazer pelas pessoas faça hoje, pois o amanhã pode ser tarde demais.
- Na sepultura, você não vai poder fazer mais nada.
- Não deixe para fazer o seu melhor amanhã, pois pode ser tarde.
- Entregue o seu melhor, pois Jesus foi excelente em tudo.
- Excelente não é ser o melhor, é fazer o melhor com o que você tem.
- Você pode ser excelente na obediência, na gratidão e no amor.
- Ser excelente não depende de dinheiro, e sim de excelência e escolha.
- Você pode ser excelente no sorriso, abraço, na alegria, na bondade.
- Você glorifica a Deus quando entrega o seu melhor.
- Não se amolde ao padrão do mundo, mas sim ao do céu.

- Apresentar-se a Deus de forma excelente é fazer tudo para Deus da melhor forma.
- Deus nos chama para sermos excelentes na Terra e no céu.
- Seja excelente primeiro nas virtudes do céu.
- Você pode ser excelente nas coisas da Terra, mas não ser próspero; mas é impossível você ser excelente no céu e não ser próspero na Terra.
- Quando você é excelente no céu, Deus te coloca em lugares sublimes. Não é sobre as coisas que você faz, é sobre você ser excelente nas coisas celestiais.
- O segredo para ser excelente é fazer tudo para Deus.
- Não faça algo excelente porque é para homens, mas porque é para Deus.
- Porque Deus é quem te recompensa.
- Seja excelente em tudo o que você fizer e Deus também te honrará com excelência.
- A excelência de Deus nos constrange.

PERGUNTAS PARA REFLEXÃO:

- Como tem sido a sua entrega para Deus?
- Será que você ama, agradece e perdoa com excelência?
- Como você quer que a luz de Deus brilhe em você com uma vida meia-boca?
- Você está vivendo com os padrões do céu ou da Terra?
- Como você quer experimentar a vontade de Deus fazendo as coisas de qualquer jeito?
- Será que você tem sido excelente na obediência?

ORAÇÃO DO DIA:

Senhor, me ensina a ser excelente nas coisas do céu. Ensina-me a tê-lo como referência, me ensina a entregar o melhor para o Senhor todos os dias da minha vida, Pai, eu quero ser tua imagem e semelhança em tudo o que eu faço, na minha maneira de falar, pensar, enxergar e agir, então Abba Pai, por favor pegue na minha mão, caminhe comigo e me ensine a ser excelente em tudo o que eu fizer e principalmente a SER uma pessoa de excelência, de um caráter excelente e de um coração puro e excelente, em nome Jesus. Amém!

O QUE JESUS ME REVELOU HOJE?

_____
_____
_____
_____
_____
_____

DIA 21

TEMA: A paz de Jesus
LOUVORES: Ele se move (Eyshila), Enche-me (Gabriela Rocha), Sua paz (Isadora Pompeo)
VERSÍCULOS: João 14:7-13, João 14:27, João 16:33, Gálatas 5:22-23, Filipenses 4:67, Romanos 8:6, Mateus 5:9, Colossenses 3:15, Isaías 26:3, Romanos 14:19, Lucas 10:5.

> "Deixo-vos a paz, a minha paz vos dou; não vo-la dou como a dá o mundo. Não se turbe o vosso coração, nem se atemorize."
> **(João 14:27)**

- Quando nos posicionamos para conhecer Jesus, conhecemos o Pai.
- O mundo vai dizer que, para você ter paz, tem que ter coisas e Deus ensina que você precisa da presença dEle.
- A paz que o mundo propaga é um engano e ilusão.
- Somente quem aceitou a Jesus Cristo como seu único e suficiente Salvador tem a verdadeira paz.
- Não importa onde você estiver, se no deserto, vale ou montanha; quando você tem Jesus, tem a verdadeira paz.
- Quando Jesus habita em você, você não precisa procurar paz, ela está dentro de você.

- Satanás vai tentar o tempo todo te enganar, para que você acredite que só terá paz quando tiver coisas ou pessoas, mas a paz está em Jesus, o Príncipe da paz.
- A paz é um fruto do espírito.
- Não adianta buscar no mundo aquilo que você só encontra em Jesus.
- Quando você investe em Deus, você desfruta da paz que excede todo entendimento.
- Não andeis ansiosos por nada, apresente tudo em oração e com gratidão entregue seus pedidos para Deus.
- Para eliminar a ansiedade em sua vida, você precisa de oração e gratidão.
- Oração é a maior e melhor terapia que existe na Terra.
- Você investe tempo numa terapia, paga ao homem, e não investe tempo em oração que é grátis falando com Jesus.
- O segredo de uma vida de paz é tempo na palavra e na oração.
- A paz de Deus precisa estar em sua mente e coração.
- O filho de Deus é conhecido como um pacificador.
- Quem gosta de contenda e confusão é Satanás.
- O verdadeiro filho de Deus é um pacificador.
- A paz está totalmente atrelada ao seu nível de gratidão.
- O seu chamado tem a ver com o SER e não com o TER.
- Você foi chamado para viver em paz e ser um embaixador da paz.
- Quando você for tomar uma decisão, a paz será o árbitro do seu coração.
- Tudo que é de Deus gera paz e te sinaliza se você pode prosseguir.
- A paz tem a ver com oração, gratidão e confiança.
- Sem confiança não existe paz.
- Jesus confia completamente em Deus.

- O seu nível de paz aumenta através da oração, gratidão e fé.
- Tem gente que parece um fósforo, a coisa está pegando fogo e joga mais lenha.
- Temos que fazer de tudo para manter a paz.
- O Espírito Santo só habita no lugar de paz e tranquilidade.

PERGUNTAS PARA REFLEXÃO:

- Você tem entregado as primícias do seu tempo para Deus?
- Quanto tempo diariamente você tem passado com Deus?
- Quanto você tem investido em buscar o fruto do Espírito Santo?
- Qual foi a última vez que você passou uma hora orando?
- Quem é você no seu trabalho ou em casa?
- Onde você chega leva paz ou confusão?
- O que fazer para aumentar o nível de confiança?
- Você tem se esforçado para se manter em paz?
- O que eu tenho que fazer para promover a paz?
- Quem é você: o fogo que acende ou a água que apaga a contenda?

ORAÇÃO DO DIA:

Abba Pai, em primeiro lugar quero te agradecer por me ensinar que Jesus Cristo é o único que proporciona a verdadeira paz dentro de mim; quero te pedir perdão pelas vezes que discuti, gritei, falei alto, me alterei e causei confusão nos lugares por onde eu passei, mas hoje também quero te pedir, por favor, me ensine a ser um agente da paz, um soldado da paz, ou melhor, me ensina a ser um embaixador da paz aqui na Terra, que por onde eu for, por onde eu pisar a planta dos meus pés eu leve a tua paz dentro de mim, porque a paz habita e reina dentro de mim através do Espírito Santo. Por favor, quero ser conhecido como uma pessoa de paz na Terra, que a paz que excede todo entendimento habite no meu coração em nome de Jesus. Amém!

O QUE JESUS ME REVELOU HOJE?

___
___
___
___
___
___

DIA 22

TEMA: Quem é Jesus?
LOUVORES: Força e vitória (Eliana Ribeiro), Plano perfeito (Renascer Praise), Quero conhecer Jesus (Alessandro Vilas Boas), Jesus maravilhoso (Nani Azevedo), Este reino (Diante do Trono), Advogado fiel (Bruna Karla), Teu santo nome (Gabriela Rocha)
VERSÍCULOS: João 14:6, Isaías 9:6, Mateus 1:21-23, Lucas 1:30-33, João 1:1-5, Romanos 12:2, Salmos 119:105, João 1:29, Efésios 5:14, Hebreus 1:3-4, Hebreus 2:17-18, João 2:1, Salmos 121:1-2, Gálatas 2:20, Hebreus 9:27-28, João 4:26, João 6:35, Marcos 1:9-11, Marcos 14:61-62, Romanos 14:11, Mateus 16:15-17, Oséias 4:6, Oséias 6:3.

"Respondeu-lhe Jesus: Eu sou o caminho, e a verdade, e a vida; ninguém vem ao Pai senão por mim."
(João 14:6)

- De Gênesis a Apocalipse, Jesus é a figura central da Bíblia.
- Depois de Jesus, o mundo nunca mais foi o mesmo.
- Jesus é o nome mais pesquisado no Google.
- Jesus é o primogênito, o primeiro filho de Deus.
- Jesus nasceu e veio como homem para nos levar ao caminho de Deus.
- A única maneira de conhecermos a Deus é através de Jesus.

- Jesus é o próprio exemplo de Deus na Terra.
- Jesus também é conhecido como Emanuel (Deus conosco).
- Não existe alegria maior que saber quem é Jesus e quem nós somos nEle.
- Jesus é o Rei dos reis e Senhor dos senhores eternamente.
- Jesus precisa ser o dono de tudo na sua vida.
- Jesus precisa reinar em nossos corações.
- A Bíblia é a própria boca de Jesus falando conosco.
- Quando você falar que não escuta Jesus, lembre-se que ele é a Bíblia. Então você não deve estar lendo a Bíblia.
- Quer ouvir Jesus? Leia a Bíblia todos os dias.
- De todos os livros que você leu ou vier a ler, o principal é a Bíblia.
- Ao acordar, você precisa ler a Palavra de Deus para conhecê-lo, pois é a Palavra de Deus que nos transforma.
- A Bíblia é o manual da vida.
- A maior ferramenta de autoconhecimento é a Bíblia. E quanto mais você conhecê-la, mais você será transformado.
- Todas as coisas foram feitas por intermédio de Jesus.
- Nada podemos fazer sem Jesus.
- Se tirar Jesus da nossa vida, não somos nada, somos vazios, tristes e secos.
- Jesus é o cordeiro que veio para ser sacrificado por mim e por você.
- Muitas vezes gastamos muito tempo querendo conhecer as pessoas da Terra e não investimos tempo para conhecer Jesus.
- Às vezes você conhece mais seus amigos, familiares, trabalho do que aquele que deu a vida por você.

- Precisamos conhecer Jesus e saber tudo sobre Ele, pois Ele deu a vida por nós, nos salvou e virá nos buscar.
- Jesus renunciou à sua majestade para sentir na pele o que passamos e interceder por nós.
- O nosso advogado fiel é Jesus.
- Não importa o que você está vivendo, Jesus te entende.
- Precisamos viver uma vida conectada com Jesus. Ele precisa ser o nosso *best friend* (melhor amigo).
- O seu socorro vem do Senhor, Ele é capaz de te socorrer no que você precisar.
- Jesus é suficiente.
- Nós só temos uma vida, Jesus ressuscitou e voltará para nos buscar.
- Quando você aceita Jesus e o confessa diante dos homens, Ele cuida de você como filho amado.
- Conheça e prossiga conhecendo Jesus.
- O seu maior chamado de vida é conhecer Jesus.
- Jesus é tudo em nossa vida.
- Só conhecemos Jesus através da Bíblia.
- Através de Jesus temos acesso a Deus e ao Espírito Santo.
- Jesus é necessário em nossa vida.
- Jesus é a luz da vida.
- Jesus é o Pão vivo.
- Jesus é a Porta.
- Jesus é a fonte de águas vivas.
- Jesus é o nosso principal alimento.
- Jesus é o Príncipe da paz.
- Jesus é a Estrela da manhã.
- Jesus é a rocha.
- Jesus é o lírio dos vales.
- Jesus é o nosso redentor.
- Jesus é o nosso resgatador.

- Jesus é o nosso salvador.
- Jesus é absolutamente tudo o que precisamos para sermos plenos e felizes.
- Jesus é o Filho de Deus.

PERGUNTAS PARA REFLEXÃO:

- Quem foi Jesus: projeto revolucionário, homem bom ou o filho de Deus?
- Quem está no trono da sua vida?
- Será que Jesus tem o governo da sua vida?
- Por que você acha que pode fazer alguma coisa sem Jesus?
- Será que temos colocado Jesus em primeiro lugar?
- Cristo vive em você?
- Onde você conhece Jesus?

ORAÇÃO DO DIA:

Abba Pai, por favor me ajude a conhecer e prosseguir todos os dias conhecendo Jesus. Obrigado por me revelar que minha principal missão de vida, meu principal chamado é para conhecer profundamente e intimamente Jesus. Pai, por favor me ensine a separar tempo todos os dias para Jesus, e me ensina também a colocá-lo em primeiro lugar na minha vida hoje e sempre. Pai, muito obrigado por ter entregado Jesus na cruz no calvário para perdoar todos os meus pecados e me salvar, sendo que eu não merecia isso, mas mesmo assim o teu amor me alcançou de uma maneira sobrenatural. Ajuda-me, Pai, a ter Jesus como meu melhor amigo, a reconhecer e agradecer sempre tudo que Ele fez por mim. Espírito Santo de Deus, me ensina a confiar de todo meu coração em Jesus e aceitar o seu perdão pelos meus pecados. Pai, me perdoe por todas as vezes que eu coloquei outras prioridades no lugar de Jesus, mas hoje eu estou colocando Jesus no trono da minha vida, como meu Senhor e Salvador, para honra e glória de Deus, em nome do próprio Jesus. Amém!

O QUE JESUS ME REVELOU HOJE?

_____
_____
_____
_____
_____

DIA 23

TEMA: Seguir Jesus
LOUVOR: O Chamado (Leandro Borges)
VERSÍCULOS: Mateus 11:12, João 16:33, João 12:26, João 1:32-33, João 8:12, João 1:35-37, Mateus 4:19-20, Mateus 16:24, Lucas 14:26-27, Jeremias 29:11, Marcos 10:28-31, Lucas 9:57-62, Levítico 18:4, 1 Pedro 2:21-23, Efésios 4:15, João 1:43, Mateus 9:9.

> "Se alguém me serve, siga-me, e, onde eu estou, ali estará também o meu servo. E, se alguém me servir, o Pai o honrará."
> **(João 12:26)**

- O que vai fazer a diferença em nossa vida não são as pessoas que seguimos, mas se seguimos a Jesus.
- Seguir a Jesus é renunciar às nossas vontades.
- Seguir a Jesus é dedicar nossa vida a Ele e deixar a vida de pecado.
- Seguir a Jesus é andar nos passos dEle com obediência.
- Seguir a Jesus é disposição e atitude para mudar.
- Quem segue a Jesus vai enfrentar muitos desafios e perseguições.
- Seguir a Jesus tem a ver com renunciar a pessoas, profissão e carreira para obedecê-lo.
- As renúncias por Jesus valerão a pena.
- Muitas vezes seguir Jesus vai te custar tudo.

- Quem serve a Jesus precisa seguir as orientações e mandamentos dEle.
- Aquele que segue a Jesus será honrado na Terra.
- Não é somente sobre seguir, mas sobre continuar seguindo.
- No caminhar vão aparecer críticas, desafios e distrações para nos tirar do caminho.
- Quem segue a Jesus não andará em trevas, pois terá a luz da vida.
- Quando você segue pessoas, corre um grande risco de se decepcionar e desistir da vida.
- Precisamos seguir a Jesus e não pessoas.
- Quem ama Jesus não quer seguidores e méritos para si mesmo, e sim para Ele.
- Para seguir a Jesus é necessário negar a si mesmo.
- A nossa carne é igual a criança mimada, grita e chora, mas precisamos dizer não para nós e dizer sim para Jesus.
- Aquele que não carrega a sua cruz não é digno dEle.
- Você não pode amar nada e nem ninguém mais do que a Jesus.
- Podemos dizer NÃO para todas as pessoas, mas nunca para Deus.
- A maioria das dores e tristezas é consequência do não que damos a Deus.
- Deus nunca vai nos pedir algo que seja para o nosso mal.
- Não vale a pena você dizer não para Deus; aprenda a dizer não para as pessoas, para o mundo e para você mesmo.
- Deus precisa ser o dono do nosso coração e receber o nosso sim de imediato.
- Seguir a Jesus é fazer a vontade dEle onde, quando e como Ele desejar.
- Ninguém que deixa tudo por Jesus deixa de receber 100 vezes mais.

- Não desista por causa das perseguições, pois a alegria e a certeza da salvação nos levarão para viver com Ele na eternidade para sempre.
- Não tenha medo, vá e proclame Jesus sem olhar para trás.
- Não é sobre nós, e sim sobre seguir e obedecer a Jesus.
- Jesus sabe o que é melhor para nós e para o nosso futuro.
- Jesus é o nosso exemplo, só precisamos seguir seus passos.
- Jesus nos chama para crescermos nEle e não no mundo.
- Será que você pode dizer, "Jesus, eis-me aqui"?
- Jesus nos chama para crescermos em sabedoria, humildade, dependência, amor, alegria, bondade, mansidão, domínio próprio, ou seja, Ele nos chama para crescermos nas coisas do céu.
- Seja grande no céu.
- Seja conhecido por Jesus no céu.
- Que as suas obras agradem a Jesus e não os homens.
- Siga Jesus, copie Jesus, imite Jesus, procure sempre ser a imagem e semelhança de Jesus.

PERGUNTAS PARA REFLEXÃO:

- O que é seguir a Jesus?
- A quem você está seguindo?
- Você segue a Jesus ou às suas vontades?
- Quantas vezes você disse não para Deus?

ORAÇÃO DO DIA:

Jesus, hoje eu digo sim para o Senhor custe o que custar, eu digo sim para o teu chamado, eu renuncio a todos os meus sonhos, todas as minhas vontades, projetos, planos e desejos, para fazer 100% a tua vontade, Pai, porque a tua vontade é sempre boa, perfeita e agradável. Senhor, eu renuncio a mim mesmo para viver para ti. Abba Pai, me perdoa por todas as vezes que eu escolhi a minha vontade, os meus desejos ao invés de escolher o teu projeto original para a vida, aquele que o Senhor escreveu quando eu ainda era uma substância informe no ventre da minha mãe, mas hoje, Pai, eu quero viver esse projeto original, eu não quero mais nada na minha vida que não venha do Senhor. Eis-me-aqui, Senhor, eu digo sim para o Senhor, em nome de Jesus. Amém!

O QUE JESUS ME REVELOU HOJE?

DIA 24

TEMA: Intimidade com Jesus
LOUVORES: Tua presença (Leandro Borges), Prioridade (Midiã Lima)
VERSÍCULOS: Lucas 10:1, Mateus 17:1-2, João 13:23-25, 1 João 5:20-21, Tiago 4:8.

> "Depois disto, o Senhor designou outros setenta; e os enviou de dois em dois, para que o precedessem em cada cidade e lugar aonde ele estava para ir."
> **(Lucas 10:1)**

- Muitas pessoas conhecem Jesus, mas não são íntimos dEle.
- Muitas vezes conhecemos Jesus de ouvir falar, mas não de com Ele andar e obedecê-lo.
- Intimidade é conhecer Jesus em profundidade.
- Jesus está nos convidando para conhecê-lo na intimidade.
- Jó conhecia a Deus de ouvir falar, mas depois do processo passou a conhecê-lo de andar lado a lado.
- Jesus não desiste de nós, Ele está sempre disposto a nos amar, perdoar e ensinar.
- Jesus enviou 72 pessoas, tinha 12 discípulos e 3 íntimos, mas apenas 1 com intimidade profunda.
- Jesus convida para a intimidade aqueles que são obedientes e ensináveis.

- Será que temos intimidade com Jesus para irmos com Ele ao alto monte?
- Intimidade é questão de prioridade.
- Tem coisas que só a proximidade dá acesso.
- Será que temos proximidade para perguntar as coisas a Jesus?
- Tem coisas que não dependem de ousadia ou coragem, mas de intimidade.
- João era íntimo de Jesus, ele se sentia à vontade para colocar a cabeça no colo dEle e perguntar tudo.
- Intimidade é algo construído com tempo e convivência.
- Jesus sonda nosso coração e conhece nossas reais motivações.
- O Espírito Santo nos revela quem realmente somos.
- Você só reclina sua cabeça no peito de quem você tem confiança e intimidade.
- Jesus sabia que o amor de João era tanto e verdadeiro, que tudo que Ele pedisse seria feito.
- Qual o segredo da intimidade?
- O segredo da intimidade é: o quanto você está disposto a pagar o preço para obedecer a Jesus.
- Talvez você esteja pagando um preço altíssimo por pessoas que não fizeram nada por você.
- Intimidade com Deus requer investimento de tempo.
- Tem pessoas que compram amizade com dinheiro e presentes.
- Satanás sabe as estratégias certas para nos derrubar (presentes, elogios, dinheiro, atenção e tempo).
- No mundo as pessoas compram as outras com presentes.
- Para ser íntimo de Deus, invista tempo de qualidade com Ele.

- Devolva o dízimo do seu tempo para Deus.
- Deus precisa ocupar o primeiro lugar na sua vida.
- Deus quer que vivamos uma vida equilibrada, tendo Ele como prioridade.
- Invista tempo no seu crescimento espiritual.
- Deus conhece a motivação do seu coração, a prioridade precisa ser por amor e não por interesse ou gratificação.
- Intimidade requer busca diária.
- Precisamos primeiro investir tempo para conhecer quem Jesus é, para depois colher as bênçãos.
- Na vida com Deus, primeiro você perde para depois ganhar.
- Perder suas vontades e a própria vida.
- Pode começar e se aproximar como está, mas para prosseguir precisa de compromisso, obediência e dedicação.
- A intimidade com Deus é a maior riqueza que podemos ter.
- Nada do que você pode conquistar na vida é mais importante que a intimidade com Deus.
- Como você diz que não tem tempo para o dono do tempo?
- Invista tempo na sua relação com Jesus Cristo.
- Invista tudo o que você puder na sua relação com Jesus.
- A maior preciosidade que existe na nossa vida é o nosso relacionamento com Jesus.

PERGUNTAS PARA REFLEXÃO:

- Você sabe o que agrada e desagrada a Jesus?
- Será que você conhece mais os gostos das pessoas do que os gostos de Jesus?

- Você deseja ser íntimo de Jesus?
- Você dedica tempo para buscar a Jesus?
- Jesus tem sido sua prioridade?
- Será que você tem devolvido o dízimo do seu tempo para Jesus?
- Quem tem sido seu ídolo?
- Quem tem ocupado o primeiro lugar em sua vida?
- Você tem dedicado tempo suficiente para sua relação com Deus?
- Quem foi o discípulo que Jesus pediu para cuidar da sua mãe?

ORAÇÃO DO DIA:

Abba Pai, por favor me ajude a ter intimidade com Jesus. Espírito Santo de Deus, a tua palavra diz que o Senhor é aquele que me ensinaria todas as coisas, então por favor me ensine a buscar de todo meu coração a ter intimidade e comunhão contigo, Pai. Abba, por favor me perdoe por todas as vezes que eu busquei ter mais intimidade com as pessoas do que com o Senhor, me perdoe por todas as vezes que eu investi mais tempo nas coisas do mundo e nas pessoas do que no Senhor, mas a partir de HOJE eu quero dedicar o meu melhor tempo, as minhas primícias para o Senhor, quero me dedicar de todo meu coração a ter intimidade, comunhão e profundidade contigo, Abba Pai, em nome de Jesus. Amém!

O QUE JESUS ME REVELOU HOJE?

_____

_____

_____

_____

_____

_____

DIA 25

TEMA: Jesus e o Espírito Santo
LOUVORES: Enche-me (Isaías Saad + Gabriela Rocha), Santo Espírito (Laura Souguellis)
VERSÍCULOS: Salmos 139:13, Salmos 22:9-10, Salmos 71:6, Isaías 42:9, Jeremias 11:5, Romanos 14:11, João 1:14, Mateus 3:13-17, Mateus 4:1-11, João 3:1-7, Lucas 24: 49, Efésios 4:30, Atos 8:39, João 2:5-8, Lucas 1:28-38, Atos 2:3, João 3:5, 2 Coríntios 1:22, João 3:5-7, Salmos 51:11, Atos 2:1:5, Efésios 5:18, João 3:21.

> *"Pois tu formaste o meu interior, tu me teceste no seio de minha mãe."*
> **(Salmos 139:13)**

- Jesus nos conhece nos mínimos detalhes.
- Antes de vir ao mundo no ventre da nossa mãe, o Senhor já nos conhecia.
- Você precisa conhecer aquele que te gerou e te escolheu, te salvou e te restaura.
- Você está conhecendo Jesus neste livro, mas esse conhecimento precisa ser constante, ou seja, diário.
- Você precisa ser íntimo de Jesus, pois Ele já te conhece no mais profundo do seu íntimo.
- Antes de Jesus começar seu ministério, Jesus foi batizado nas águas e no Espírito Santo.
- Jesus venceu no deserto, porque Ele estava cheio do poder do Espírito Santo de Deus.

- O Espírito Santo é o distintivo, o selo que nos ajuda a viver para a glória de Deus.
- Tudo que Jesus fez na Terra foi através do poder do Espírito Santo de Deus.
- Quem nasce da carne é carne e quem nasce do espírito é espírito.
- O batismo com água é o símbolo do arrependimento dos pecados.
- Jesus veio à Terra para nos ensinar o que é verdadeiramente ser um filho de Deus.
- Todos nós precisamos ser batizados nas águas e no Espírito Santo.
- Jesus foi conduzido ao deserto pelo Espírito Santo.
- Coisas espirituais só podem ser conduzidas pelo Espírito Santo.
- Coisas espirituais só podem ser discernidas através do Espírito Santo.
- Do mesmo jeito que Jesus foi conduzido pelo Espírito Santo, Ele deseja que eu e você tenhamos uma vida conduzida pelo Espírito Santo.
- Muitas vezes queremos sair por aí fazendo as coisas que Jesus não mandou.
- Tudo que Jesus fez era porque estava revestido do poder do Espírito Santo.
- Hoje não vemos os milagres porque não existe uma busca incessante pelo Espírito Santo.
- Quando Jesus voltar, Ele vai buscar aqueles que são selados pelo Espírito Santo.
- Quantas vezes nós ignoramos o Espírito Santo de Deus?
- Ignoramos o Espírito Santo quando não o buscamos, quando corremos demais, quando nos afundamos na ansiedade, rebeldia e desobediência.

- O Espírito Santo vive dentro de nós, e quantas vezes o ignoramos?
- Jesus era discreto e seguia as orientações do Espírito Santo.
- Enquanto as pessoas obedeciam, o milagre acontecia.
- Quando somos envolvidos com o Espírito Santo, somos transformados.
- Só Jesus nos batiza com o Espírito Santo.
- O pastor te batiza com água, mas só Jesus nos batiza com o Espírito Santo.
- Jesus coloca o selo do Espírito Santo sobre nós.
- Quem tem o Espírito Santo, sabe que Jesus vai voltar, pois o espírito testifica.
- Onde o Espírito Santo chega não existe dúvida.
- O Espírito Santo é aquele que nos capacita.
- Nada podemos fazer sem o Espírito Santo.
- Assim como Jesus tinha o Espírito Santo, temos que clamar para que Ele habite e reine dentro de nós.
- O Espírito Santo é nosso mestre, nosso professor, nosso consolador.
- O Espírito Santo é aquele que nos ensina e nos lembra todas as coisas.
- O Espírito Santo precisa ser o nosso melhor amigo.
- O selo para entrar no céu é o Espírito Santo.

PERGUNTAS PARA REFLEXÃO:

- O quanto você tem buscado o Espírito Santo diariamente?
- Quantas vezes por dia você ignora o Espírito Santo?
- Quem é o seu melhor amigo?

- O que você pode fazer para ter mais comunhão com o Espírito Santo?
- Quantas vezes você fala com o Espírito Santo por dia?

ORAÇÃO DO DIA:

Abba Pai, hoje eu quero em primeiro lugar te agradecer pela dádiva de ter enviado o teu Espírito Santo para habitar e reinar dentro de nós. Pai, me perdoa pelas vezes que eu ignorei e entristeci o teu Espírito Santo, pelas vezes que desobedeci ao seu comando; Abba, por favor, eu quero te pedir me ajude a ter mais intimidade e comunhão com o Espírito Santo, quero ter um relacionamento de profundidade, quero que Ele habite e reine dentro de mim, quero que Ele seja para sempre o meu melhor amigo, meu professor, meu mestre, aquele que guia, governa, comanda e dirige 100% a minha vida até a eternidade, em nome de Jesus. Amém!

O QUE JESUS ME REVELOU HOJE?

_____
_____
_____
_____

DIA 26

TEMA: As misericórdias de Jesus
LOUVORES: A cada manhã (Diante de Trono), Tua misericórdia (Ludmila Ferber)
VERSÍCULOS: Efésios 2:4, Tiago 4:3, Oséias 6:6, Oséias 4:6, Oséias 6:3, Lucas 6:36-37, Lucas 6:29, Mateus 5:41, Lamentações 3:22-23, João 14:26, João 3:17, Efésios 4:32, Tito 3:5, Isaías 30:18, Tiago 3:17, Mateus 5:7, Salmos 136:1-14, Hebreus 4:16.

> "Mas Deus, sendo rico em misericórdia, por causa do grande amor com que nos amou, e estando nós mortos em nossos delitos, nos deu vida juntamente com Cristo, — pela graça sois salvos."
> **(Efésios 2:4,5)**

- Misericórdia significa não dar para alguém o castigo que merecia.
- Nós merecemos o castigo, mas Deus na sua infinita misericórdia enviou seu filho para morrer na cruz e nos salvar.
- O maior exemplo de misericórdia foi Jesus morrer na cruz em nosso lugar.
- Muitas vezes não somos misericordiosos e só queremos vingança.
- Muitas vezes somos ótimos para pedir misericórdia e péssimos para sermos misericordiosos.

- Tem gente que quer ser rico de fama, joias, dinheiro e amigos.
- Não recebemos porque pedimos mal, pedimos as coisas apenas para nos vangloriar.
- Misericórdia é colocarmos nosso coração na miséria do outro.
- Não adianta acordar de madrugada sem um coração misericordioso.
- Jesus é misericórdia.
- Seja misericordioso com você mesmo também.
- Troque o julgamento pela misericórdia.
- Seja rico em misericórdia.
- Nós precisamos imitar Jesus na misericórdia.
- Até na cruz, Jesus nos ensinou a sermos misericordiosos.
- Você que pensa que está em pé, cuidado para que não caia.
- Tem gente que quer fazer o papel do Espírito Santo na vida do outro.
- Quando você mostra o caminho, o Espírito Santo faz o resto.
- Você não é o Espírito Santo, é tão pecador como o descrente.
- Nós não somos melhores que ninguém.
- O convertido é aquele que é misericordioso e não o que julga.
- Deus enviou Jesus para salvar, por que você e eu achamos que devemos condenar?
- Hoje só acordamos porque a misericórdia de Deus se renovou em nossas vidas.
- Se a misericórdia de Jesus não tem fim, as nossas também não podem ter.
- Deus não faz nada faltando, é sempre com abundância.

- Ele não só tem misericórdia, mas amor, fidelidade e perdão.
- Antes de julgar, murmurar, condenar, tenha misericórdia.
- Um verdadeiro embaixador é benigno, perdoador e misericordioso.
- Quando você é misericordioso, é como se você abrisse as janelas do seu coração para esperar a misericórdia do Senhor.
- Decida hoje ter um coração puro e perdoador.
- A sabedoria é pura, pacífica, compreensiva e cheia de misericórdia.
- O nosso coração nunca pode se esvaziar de misericórdia.
- Seja rico e transbordante de misericórdia.
- Dê graças ao Senhor dos senhores, pois o seu amor e perdão duram para sempre.
- Aproxime-se do trono da graça com confiança, recebendo misericórdia e graça.
- Quando as pessoas se aproximam de nós, elas precisam receber misericórdia e graça.
- A misericórdia que você dará ao próximo não será sua, será de Deus para transbordar para o próximo.
- Todos nós temos misericórdia, podemos não usar. A escolha é nossa, utilizá-la ou não com as pessoas.
- Use a misericórdia que Deus te deu, que Ele derramará mais.
- Obrigado, Jesus, por ser rico em misericórdia.
- Perdão pelas vezes que julgamos, maltratamos os outros.
- Espírito Santo, nos ajude a ser misericordiosos com o nosso próximo.

PERGUNTAS PARA REFLEXÃO:

- Quantas vezes ao invés de misericordiosos somos vingativos?
- Você já pediu para ser rico em misericórdia?
- O que seria de nós se Deus não fosse misericordioso?
- Seu coração hoje está cheio do quê?
- Quando as pessoas se aproximam de você, o que elas recebem?

ORAÇÃO DO DIA:

Abba Pai, hoje eu quero em primeiro lugar te agradecer pelo Senhor ser rico em misericórdia e por tua fidelidade durar para sempre. Abba, eu reconheço que não sou absolutamente nada sem as tuas misericórdias, muito obrigado por ter entregado o teu filho para morrer em meu lugar na cruz, porque esse castigo era meu, mas a misericórdia me perdoou e me salvou desse castigo. Abba, por favor me perdoe por todas as vezes em que eu não reconheci a tua misericórdia e por todas as vezes que eu não fui misericordioso comigo e nem com as pessoas. Pai, a partir de HOJE eu quero ser rico em misericórdia, por favor me ajude, Pai, a ser rico em misericórdia e perdão em nome de Jesus. Amém!

O QUE JESUS ME REVELOU HOJE?

_____

_____

_____

_____

_____

DIA 27

TEMA: A graça de Jesus
LOUVORES: Tua Graça me basta (Davi Sacer), Que amor é esse (Luma Elpídio)
VERSÍCULOS: Hebreus 11:6, João 1:14-16, Romanos 3:24, Efésios 2:8-9, Eclesiastes 3:1, 2 Timóteo 2:1, Tito 2:11, João 3:17-21, Números 6:25, Efésios 4:7, Tiago 4:6, Filipenses 2:8, Colossenses 1:16-17, 2 Coríntios 12:9.

> *"Porque todos nós temos recebido da sua plenitude e graça sobre graça."*
> **(João 1:16)**

- A graça de Deus significa um favor imerecido.
- Quando aceitamos Jesus como nosso único e suficiente salvador, Ele derrama graça sobre nós.
- A vida sem Jesus é sem graça, sem cor, sem ânimo.
- Talvez sua vida esteja sem graça e sem esperança, pois a plenitude de vida só encontramos em Jesus.
- Quando temos Jesus, temos tudo.
- Jesus é o Pão da vida.
- A salvação é graça imerecida.
- Mesmo sem merecermos, Jesus nos dá bênçãos.
- A graça de Deus nos alcançou de maneira extraordinária e nos deu o passaporte para a vida eterna.

- A graça de Jesus nos alcançou na Terra e nos leva para morar no céu.
- A graça é dom, presente para aqueles que têm fé em Jesus Cristo.
- Sem fé não há manifestação da graça de Deus.
- Quando compreendemos e ganhamos graça, ganhamos força para viver uma nova vida em Cristo.
- Quando você aceita caminhar com Jesus, o rosto dele transparece sobre você e te dá paz.
- Jesus é transbordante de graça, verdade, amor e benignidade.
- Jesus é suficiente em sua vida.
- Talvez você estivesse buscando graça no casamento, filhos, amigos e dinheiro, mas a verdadeira graça só em Jesus.
- Jesus é aquele que te dá tudo que você precisa.
- Deus vai derramar graça para você se converter e mudar sua vida.
- Existe graça sobre graça para nós, para aqueles que decidem obedecer.
- Somos salvos pela graça por meio da fé.
- O mesmo Deus que salva através da graça derrama fé; é de graça é só pedir.
- Uma das maiores armas de Satanás é a distração.
- Precisamos nos fortalecer em Jesus.
- Vigie e ore, Jesus está voltando.
- A falta de graça gera preocupações, tristeza, ansiedade. E a presença dEle gera uma vida plena.
- Não se fortifique nas coisas erradas.
- A graça nos foi dada.
- Nós aceitamos a graça quando escolhemos viver uma vida de acordo com a Palavra dEle.
- A decisão é sua, obediência não é sentimento.

- Deus sempre tem mais para nos dar.
- Deus se opõe aos orgulhosos e derrama graça aos humildes.
- Existe uma graça maior para aqueles que reconhecem que sem Jesus nada são.
- A desobediência é uma raiz de orgulho.
- A desobediência é falta de humildade.
- O orgulhoso acha que seu jeito é melhor do que o de Jesus.
- Existe uma graça maior para aqueles que são humildes.
- Decida hoje viver pela graça.
- Jesus é o melhor exemplo de humildade e graça.
- Chega de ser convencido, seja convertido.
- A salvação é de graça, mas a conversão precisa de esforço.
- Que a graça e a presença de Deus nos bastem.

PERGUNTAS PARA REFLEXÃO:

- Onde você está buscando graça?
- Em que ou onde você está se fortificando?
- A sua vida resplandece a luz de Jesus ou as trevas de Satanás?
- Você aceita a graça de Deus?
- Você escolhe obediência ou desobediência?

ORAÇÃO DO DIA:

Abba Pai, meu Paizinho de amor, meu Senhor e meu salvador, eu aceito viver na tua graça. Perdão pela minha desobediência e orgulho. Perdão por todas as vezes que nos distraímos com o mundo e te desobedecemos. Que eu entenda que a tua graça nos basta e é suficiente, em nome de Jesus. Amém!

O QUE JESUS ME REVELOU HOJE?

_____

_____

_____

_____

_____

DIA 28

TEMA: Os milagres de Jesus
LOUVOR: Deus de milagres (Soraya Moraes)
VERSÍCULOS: Mateus 19:26, Atos 2:22, João 6:14, João 4:1-16.

> *"Jesus, fitando neles o olhar, disse-lhes: Isto é impossível aos homens, mas para Deus tudo é possível."*
> **(Mateus 19:26)**

- Milagre é um acontecimento formidável, inexplicável pelos homens.
- É qualquer indício de intervenção espiritual na vida humana.
- O mesmo Deus que realizou milagres na Bíblia continua realizando hoje.
- Deus não mudou, Ele ainda é poderoso para realizar milagres nas nossas vidas.
- Deus faz o ordinário virar extraordinário e o natural virar sobrenatural.
- A incredulidade nos impede de desfrutarmos os milagres de Deus.
- A única limitação que impede o milagre de acontecer é a nossa falta de fé.
- Para Deus nada é impossível, o que é incapacidade para o homem é totalmente possível para Deus.

- Seu problema é insignificante para o poder e grandeza de Deus.
- Não existe problema que subsista ao poder de Deus.
- Lázaro já estava morto há 4 dias, isso não impediu Deus de realizar o milagre da ressurreição.
- Jesus não chega atrasado e nem adiantado, Ele chega na hora exata.
- Nada e nem ninguém resiste ao poder de Deus.
- Você não é neto, sobrinho ou enteado. Você é filho amado do Deus que criou o céu, a Terra, o mar e todas as coisas que existem.
- Entregue com fé seu problema a Deus e confie.
- Ao invés de você entregar seu problema com fé nas mãos de Deus, por que você fica desesperado, ansioso e desesperançoso?
- Você conta seus problemas para todo mundo menos para Deus.
- Conte todos os seus problemas para Deus, porque Ele pode resolver todos eles.
- Deus é poderoso para fazer infinitamente mais do que tudo que pedimos ou pensamos.
- De Gênesis a Apocalipse, a Bíblia é recheada de milagres.
- Por que Jesus realizou milagres na vida da sogra de Pedro, curou os leprosos e não pode realizar na sua vida?
- Deus quer fazer milagres em sua vida, e Ele pode!
- Deus prova nossa fé através dos milagres e processos.
- Do mesmo jeito que Deus aprovou Jesus com milagres. Ele deseja nos aprovar.
- Aleluia! Chegou o dia de sermos aprovados com os milagres.
- O milagre ainda não chegou em sua vida porque você não creu.

- Jesus te convida a enxergar seu milagre pelos olhos da fé.
- Creia, mesmo que todas as evidências mostrem o contrário.
- Fé é crer sem ver. No tempo de Deus tudo vai acontecer.
- Não importa o tamanho dos seus sonhos, o maior milagre foi você ter acordado hoje.
- O maior milagre somos nós.
- Você não vive novos milagres, porque não agradece pelos milagres atuais.
- Você já gradeceu por ter acordado hoje?
- Precisamos mudar a mentalidade de incredulidade pela mentalidade de fé.
- Contemple os milagres que Deus já fez em sua vida.
- A gratidão é a chave para liberar as portas do céu.
- Jesus nos dá água, mas Ele também nos pede.
- A mulher samaritana estava tão machucada que o milagre estava na frente dela, mas não o reconheceu.
- Se você conhece Jesus, quando você pede o milagre, Ele te dá.
- Jesus quer nos dar água viva hoje, mas precisamos de coragem e fé para pedir.
- Jesus é o próprio milagre.
- Jesus é a água, o poço e o próprio cântaro que mata a nossa sede.
- Deus não quer te dar apenas o milagre físico, mas Ele quer te dar milagres espirituais.
- Deus fará um milagre tão grande que você não terá saudade de outros milagres.
- Você quer o milagre e Deus deseja ser o próprio milagre jorrando dentro de você.
- Deus quer fazer de você o milagre vivo.
- O dono do milagre quer habitar dentro de você.

- Deus quer te dar o milagre, mas primeiro Ele quer quebrar o orgulho dentro de você.
- Jesus nos resgatar das trevas já é um grande milagre.
- O maior milagre é Jesus habitando dentro de você.

PERGUNTAS PARA REFLEXÃO:

- De qual milagre você está precisando hoje?
- Você tem sido grato pelos milagres recebidos diariamente?
- Qual o pouco de água que Jesus está te pedindo hoje?
- Quantas vezes Jesus nos pede algo e não queremos fazer?
- Você quer apenas os milagres ou o dono dos milagres?

ORAÇÃO DO DIA:

Pai, em primeiro lugar muito obrigado pelo maior milagre que existe, que foi eu ter acordado hoje e ter a oportunidade de ler este livro, obrigado por ter perdoado todos os meus pecados e por me dar o direito à salvação eterna, obrigado pelo milagre do Espírito Santo morar dentro de mim. Muito obrigado, Pai, eu não quero apenas os teus milagres, eu quero a presença do dono dos milagres, eu quero a tua Presença reinando dentro de mim, Espírito Santo de Deus, em nome de Jesus. Amém!

O QUE JESUS ME REVELOU HOJE?

_____

_____

_____

_____

_____

_____

DIA 29

TEMA: Jesus é aquele que DÁ
LOUVOR: Todavia me alegrarei (Samuel Messias)
VERSÍCULOS: Atos 20:35, Salmos 37:21, Provérbios 11:24, 2 Coríntios 9:7, Isaías 43:18, Romanos 13:7, Mateus 25:44-45, Mateus 6:2-4, Provérbios 11:25, Mateus 5:42, Lucas 18:22, Mateus 23:23.

> *"Tenho-vos mostrado em tudo que, trabalhando assim, é mister socorrer os necessitados e recordar as palavras do próprio Senhor Jesus: Mais bem-aventurado é dar que receber."*
>
> **(Atos 20:35)**

- Jesus deu, dá e continua dando a sua presença, bondade, amor e fidelidade.
- Dar significa ofertar, transferir, oferecer ou doar.
- Dar é reflexo de generosidade de quem não busca seus próprios interesses pessoais.
- Dar é estar disposto a ofertar algo ao outro sem esperar nada em troca.
- Como cristãos, devemos estar disponíveis a entregar ao nosso próximo tudo que recebemos de graça do céu.
- Na maioria das vezes temos muita facilidade para receber, mas muita dificuldade para dar.
- Precisamos desapegar da nossa natureza egoísta.

- Uma das principais coisas que podemos doar é o nosso tempo para os outros.
- Melhor é obedecer do que sacrificar.
- Precisamos pedir a Deus para ter um coração doador.
- Ficamos mais felizes quando damos algo a alguém do que quando recebemos.
- Quem tem um pensamento abundante sabe doar.
- Os justos são generosos.
- O nosso maior exemplo de generosidade é Jesus, pois Ele entregou a sua própria vida por nós.
- Nada do que você doar ou oferecer vai chegar perto do que Jesus deu para você.
- Jesus abandonou o céu, Ele renunciou à glória dEle por nós.
- Nós somos tão miseráveis, pois às vezes temos o coração travado e não conseguimos nem dar um abraço, oração e oferta para as pessoas.
- Tem gente que só doa o pior, o resto e o que sobra.
- Cuidado para você não receber o pior!
- Deus está vendo a sua oferta.
- Precisamos entregar o nosso melhor.
- Atualmente as pessoas não querem mais doar nada, e sim vender.
- O que você der, você atrai de volta.
- Aquele que dá, ou seja, que é generoso, prospera, e o que retém cai na pobreza.
- A retenção gera pobreza.
- Deus não vai colocar riquezas em sua vida, pois Ele sabe que você reterá tudo para si próprio.
- Deus é o dono de tudo, nós somos apenas os mordomos.
- Deus ama a quem dá com alegria.
- Quando doamos algo para alguém devemos esquecer. O que a pessoa vai fazer é com ela e Deus.

- Precisamos parar de procrastinar, e ajudar hoje, agora, não deixar para amanhã.
- Todos nós precisamos de perdão, tem gente que é mesquinho física e espiritualmente.
- Quando fazemos algo para o pequeno, debilitado ou pobre, estamos fazendo para o próprio Deus.
- Quando você der algo, não fale para ninguém.
- Quem dá alívio aos outros prospera.
- O mesquinho e egoísta sempre se acha coitado e miserável.
- Deus deu o dom de generosidade para todos.
- Sempre podemos doar algo para alguém.
- Muitas vezes Deus não nos abençoa, pois estamos pedindo apenas para nós e não para compartilharmos.
- O segredo para ser uma pessoa próspera é ser uma pessoa doadora e generosa.
- Não se trata de ser generoso apenas no mundo físico, e sim no espiritual.
- Não espere o retorno das pessoas, o retorno virá de Deus.

PERGUNTAS PARA REFLEXÃO:

- Qual é sua oferta: de Caim ou Abel?
- Você tem sido doador ou aquele que retém?
- Você tem sido um bom mordomo?
- Você tem se preocupado com o próximo?
- Como anda a sua generosidade?
- De 0 a 10, que nota você daria para a sua generosidade?
- Você quer ser a pessoa que recebe ou que doa?
- Será que se Deus pedisse tudo que temos nós daríamos?

ORAÇÃO DO DIA:

Meu Abba Pai, meu Deus, quebra todo meu orgulho e egoísmo, me ajuda a ter um coração doador e generoso. Ensina-me que verdadeiramente é melhor dar do que receber, que eu tenha um coração disponível para dar, que eu seja um bom mordomo e não retenha nada daquilo que é do Senhor, em nome de Jesus. Amém!

O QUE JESUS ME REVELOU HOJE?

_____

_____

_____

_____

_____

_____

DIA 30

TEMA: O ouvido de Jesus
LOUVOR: Sinto fluir (Luiz Marques)
VERSÍCULOS: João 10:27, Romanos 10:17, 2 Pedro 1:20, 2 Timóteo 3:16, Romanos 12:2, João 6:45, Jeremias 33:3, João 5:24, João 1:1, Lucas 11:28, Mateus 7:24.

> "As minhas ovelhas ouvem a minha voz; eu as conheço, e elas me seguem."
> **(João 10:27)**

- Jesus era sensível para ouvir a voz de Deus.
- Deus fala conosco o tempo inteiro.
- Deus fala conosco primeiro para se relacionar e para revelar a vontade, a direção e o caminho dEle.
- O nosso ouvido precisa estar sensível, pois existem muitos barulhos (internet, músicas e multidão).
- Nós precisamos treinar os nossos ouvidos para sermos excelentes em ouvir a voz de Deus.
- Temos que calar os ruídos do mundo, para ouvir a voz de Deus.
- Estamos em uma fase em que as pessoas querem falar mais do que ouvir.
- Existe o tempo de falar e de escutar.
- Tem gente que é excelente para falar, mas horrível para escutar.
- A nossa vida não é transformada quando falamos, mas sim, quando Deus fala conosco e obedecemos.

- O segredo é ouvir a voz de Deus e obedecer àquilo que Ele manda.
- Não basta apenas ouvirmos a Deus, mas sim ouvi-lo e obedecê-lo.
- O falar é prata, o ouvir é ouro.
- As boas ovelhas ouvem a voz de Deus e o pastor as conhece.
- Quando você ouve a voz de Deus, você se destaca na multidão.
- O que muda sua vida não é ser conhecido no mundo e ter muitos seguidores, mas ser conhecido no céu.
- Somos conhecidos no céu quando ouvimos a voz de Deus e a obedecemos.
- Jesus é a nossa referência máxima de saber ouvir a voz de Deus e obedecê-la.
- Jesus não ouvia a voz da multidão, e sim a do seu Pai.
- Precisamos imitar Jesus Cristo em tudo.
- A fé vem pelo ouvir a Palavra de Deus e não dos seus amigos, cônjuge e irmãos.
- A Bíblia é a Palavra de Deus, a Bíblia é a voz de Deus.
- Tem gente que sabe indicar tudo na internet, mas não sabe indicar um versículo.
- Quando alguém diz: "Deus não fala comigo", provavelmente essa pessoa não está lendo a Bíblia.
- Você precisa falar mais COM Deus do que DE Deus.
- Ouvir falar de Deus nos alegra, mas ouvir o próprio Deus nos transforma e nos purifica.
- Como você quer seguir a Deus se você não ouve a voz dEle?
- Só conhecemos a voz de quem temos intimidade.
- Não ouvimos a voz de Deus porque não temos proximidade e profundidade com Ele.
- Quem conhece a Deus reconhece a voz dEle.

- Precisamos conhecer a voz, o timbre e o tom de Jesus.
- O que nos cura, nos liberta e nos transforma é ouvir a voz de Deus e obedecê-lo.
- Ouvir a voz de Deus precisa ser a nossa primeira opção.
- Às vezes você está procurando Jesus em tantos lugares e Ele está dentro de você.
- Só os tolos ouvem primeiro a voz dos homens e deixam para procurar a Deus por último.
- Você se torna apto e preparado quando ouve a voz de Deus.
- Deus capacita os escolhidos e todos que o ouvem.
- Aprenda a entrar no seu quarto para ouvir a voz de Deus e obedecê-lo.
- O tolo aprende com o mundo, mas o sábio aprende com Deus.
- Quem ouve a voz de Deus e crê tem plenitude e alegria.
- Aquele que ouve a palavra e obedece desfruta da glória de Deus.

PERGUNTAS PARA REFLEXÃO:

- O seu ouvido está servindo a quem?
- Quantas vezes você falou com Deus?
- Quantas vezes você o deixou falando sozinho?
- Quem você tem ouvido e obedecido?
- Você tem ouvido a voz de Deus ou das pessoas?
- Quem você tem escutado, homens ou Deus?
- Você conhece a voz de Deus?
- Será que quando você acorda o inferno fica desesperado?
- Será que quando você acorda Deus fala "aquele que vai fazer a diferença acordou"?
- Será que o céu se alegra quando você acorda?

- Você quer ouvir falar sobre Deus ou ouvir o próprio Deus?
- Quem tem sido seu mestre, professor ou mentor?
- De quem você tem aprendido, de Deus ou do mundo?

ORAÇÃO DO DIA:

Pai, por favor, Senhor, me dê um ouvido sensível para ouvir a tua voz, para obedecer. Pai, por favor me perdoa por todas as vezes que falei mais do que ouvi, me perdoa por todas as vezes que não ouvi a tua voz, me perdoa pelas vezes que ouvi tua voz, mas escolhi não te obedecer. Por favor, Pai, me ensina a ouvir tua voz e acima de tudo com prontidão e agilidade obedecê-la, em nome de Jesus. Amém!

O QUE JESUS ME REVELOU HOJE?

DIA 31

TEMA: A aliança de Jesus
LOUVORES: Caminho no deserto (Soraya Moraes), Deus de promessas (Davi Sacer)
VERSÍCULOS: Mateus 26:39, João 4:34, Filipenses 2:13, Isaías 59:21, Gênesis 15:18-21, Gênesis 17:4-11, Jeremias 31:31-34, Hebreus 9:15, 2 Coríntios 3:6, João 4:19-24, João 4:34, Lucas 10:41-42, Mateus 24:35, Efésios 5:1.

> *"O qual nos habilitou para sermos ministros de uma nova aliança, não da letra, mas do espírito; porque a letra mata, mas o espírito vivifica."*
> **(2 Coríntios 3:6)**

- Todas as pessoas que têm aliança deviam ser comprometidas e disponíveis para aquele com quem têm aliança.
- As alianças da Terra, as pessoas são cada dia mais descomprometidas.
- Muitas pessoas dizem que têm aliança com Deus, mas não têm compromisso.
- Tem pessoas que honram ao Senhor apenas com os lábios.
- Não basta apenas falar que tem aliança, mas ter atitudes descomprometidas.
- Na Bíblia a aliança é contrato sagrado, cumprir sua parte é uma questão de honra.

- A quebra da aliança de Satanás foi o inferno.
- A nossa referência de aliança é Jesus.
- Os homens falham, mas Jesus não.
- Jesus tem uma aliança inquebrável.
- Como você diz para Deus, o dono do tempo, que não tem tempo para Ele.
- Nós precisamos ter tempo para o Dono do tempo.
- Jesus tinha aliança com o Pai em primeiro lugar.
- Precisamos imitar mais a Jesus. Se tivéssemos o nível de aliança que Jesus tinha, seríamos diferentes.
- Deus não procura filhos perfeitos, mas disponíveis e comprometidos para fazer a vontade do Pai.
- Cristo é o mediador da nova aliança. Ele morreu para pagar a transgressão da velha aliança e restaurar a aliança do homem com Deus.
- Jesus nos capacita para sermos ministros.
- Deus quer elevar o nível de sua aliança.
- A nova aliança não se trata das coisas terrenas, mas das coisas do céu.
- Deus está te chamando para um nível de aliança profunda com Ele.
- Deus está operando uma obra linda na Terra, na vida daqueles que têm comunhão com Ele.
- Quem tem uma aliança de verdade não se preocupa em fazer as suas próprias vontades, e sim as vontades de Deus.
- Jesus não era comprometido com nenhuma outra coisa a não ser com Deus.
- Deus está nos chamando para termos com Ele o mesmo nível de aliança que Jesus tinha, mas para isso precisamos ter o mesmo nível de fidelidade e compromisso que Jesus.
- Deus cumpre a aliança e a promessa dEle.

- Deus nos chamou para sermos embaixadores do reino!

PERGUNTAS PARA REFLEXÃO:

- Qual tem sido seu nível de compromisso e dedicação genuíno com Jesus?
- O quanto de tempo você tem disponível para Deus?
- O quanto você é comprometido com as coisas do céu?
- Qual o nível de compromisso com o Rei dos reis?
- Será que a nossa aliança com Deus tem sido de fidelidade?
- Qual é o seu nível de dedicação com o Espírito Santo?
- Você tem buscado a face de Deus?
- Qual é o seu horário de orar todo dia?
- Qual é o seu horário de ler a Bíblia?
- Qual é o seu endereço na Bíblia esse mês?
- Qual é a sua agenda com Deus?
- Você tem se dedicado a fazer seus planos ou os de Jesus?
- Quantas coisas você tem se angustiado e dedicado na Terra?
- Deus faz a parte dEle, e nós, estamos fazendo a nossa?
- Será que estamos quebrando nossa aliança com as distrações do mundo?

ORAÇÃO DO DIA:

Pai, obrigado por este dia. Obrigado por nos ensinar a ter aliança contigo de verdade, compromisso e fidelidade. Pai, por favor me perdoa por todas as vezes que eu quebrei e falhei na minha aliança com o Senhor. Pai, eu reconheço minhas falhas, minha pequenez e que necessito da tua ajuda, sem o Senhor eu não consigo. Pai, por favor eu te imploro, me ensina a ser como Jesus, a ter um coração segundo o coração de Jesus, me ensina a ser a tua imagem e semelhança, me ensina a ter aliança de fidelidade e compromisso inquebrável com o Senhor, em nome de Jesus. Amém!

O QUE JESUS ME REVELOU HOJE?

_____

_____

_____

_____

_____

DIA 32

TEMA: Jesus é a verdade!
LOUVORES: A verdade (Leandro Borges + Vanilda Bordieri), Por inteiro (Leandro Borges)
VERSÍCULOS: João 4:23-24, João 14:6, Hebreus 4:12, João 8:44, João 8:32, Apocalipse 3:20, João 15:1-2, Efésios 6:14, João 1:14, Efésios 5:14, 1 Coríntios 10:12, Tiago 1:18, João 1:17, Salmos 43:3, Salmos 91:1, Salmos 25:5, João 17:17, Salmos 119:160, Gálatas 5:17, Romanos 8:37, Provérbios 24:16, Salmos 37:4.

> "Mas vem a hora e já chegou, em que os verdadeiros adoradores adorarão o Pai em espírito e em verdade; porque são estes que o Pai procura para seus adoradores. Deus é espírito; e importa que os seus adoradores o adorem em espírito e em verdade."
> **(João 4:23,24)**

- Deus é Espírito e é necessário que o adoremos em espírito e em verdade.
- Estamos vivendo numa era em que falar a verdade é careta.
- Tem gente que faz da sua mentira uma verdade.
- Mentira é mentira mesmo que todo mundo fale, a verdade é verdade mesmo que ninguém fale.
- Estamos também na era do plágio, em que as pessoas não estão sendo originais.

- O mundo vai nos manipulando aos poucos.
- Cada um constrói a sua própria versão da verdade, mas a versão verdadeira é a do céu e de Jesus.
- Jesus é a verdade absoluta, a personificação de Deus.
- Não existe verdade longe de Jesus.
- Só Jesus pode remover as amarras de fingimento e mentira das nossas vidas.
- Só Jesus pode derrubar as muralhas de mentira em nossas vidas.
- Existe um caminho para ter vida em abundância, o caminho é Jesus.
- A mentira é algo tão demoníaco, que toda vez que você mente é um protótipo de Satanás.
- Toda vez que a palavra é revelada no seu espírito, somos transformados.
- Qual é a mentira que você tem sustentado?
- Para o nível que Deus quer nos levar não tem espaço para mentira, falsidade e fingimento.
- Nós somos libertos e transformados através da verdade.
- A mentira escraviza, aprisiona, traz culpa e peso na consciência.
- Custe o preço que custar, seja de verdade.
- A mentira nos desconecta de Deus e a verdade nos conecta com Ele.
- A mentira traz engano e dor.
- A mentira é um câncer interno que vai nos corroendo.
- Deus nos chamou para sermos de verdade.
- Todas as vezes que você ouvir falar de Jesus, ouvirá sobre verdade.
- É impossível você ser um representante do céu mentindo.
- Vigie, a mentira é uma brecha em que 99% das pessoas caem.

- Fomos gerados na verdade, não fomos criados para sermos mentirosos.
- Não existe mentira branca ou boa, toda mentira é raiz de pecado.
- Quem mente rouba a verdade do outro.
- Pode falar a verdade, você não é obrigado a dizer sim para todo mundo.
- Deus quer você de verdade e por inteiro.
- Você só vai conseguir ser uma pessoa de verdade, sem fingimento, sendo conectado com Jesus.
- A pior mentira é aquela que você conta para você mesmo.
- A verdade precisa nos guiar.
- É impossível você dizer que é cristão e andar na mentira.
- O Espírito Santo precisa ser o nosso guia e nos conduzir ao esconderijo do Altíssimo.
- Pare de tentar ser alguém que você não é.
- Seja original, seja de verdade.
- Não existe santidade sem verdade.
- Satanás quer colocar em nossa cabeça que as coisas do mundo são verdades para nos distrair.
- Pare de ser escravo, de agradar todo mundo.
- A Bíblia é a verdade de Jesus Cristo.
- A verdadeira essência é a de Jesus.
- O que diferencia uma colônia de um perfume é a quantidade da verdadeira essência.
- Você agrada a Deus sendo de verdade.
- Não se conecte com a mentira, seja de verdade.
- Jesus é a verdade.
- Jesus é de verdade
- Jesus ama os que são de verdade.
- Quando você não conhece a verdade de Deus, você acredita nas mentiras de Satanás.

PERGUNTAS PARA REFLEXÃO:

- Em quantas mentiras de Satanás você está acreditando?
- Quais mentiras você tem se contado?
- Você tem sido aprovado ou reprovado?
- Quem tem guiado você, a verdade ou a mentira?
- Qual a motivação do seu coração?
- Qual a essência do seu perfume?
- Você é uma colônia ou um perfume?

ORAÇÃO DO DIA:

Pai, em nome de Jesus, me ensina a ser de verdade, 100% de verdade, me perdoa pelas mentiras que eu contei e as mentiras em que eu já acreditei, me ensina a ser de verdade, a falar a verdade e viver uma vida de verdade, em nome de Jesus. Amém!

O QUE JESUS ME REVELOU HOJE?

_____

_____

_____

DIA 33

TEMA: A fidelidade de Jesus!
LOUVORES: Foste fiel (Suelen Lima), Fiel a mim (Eyshila)
VERSÍCULOS: 2 Timóteo 2:13, Salmos 33:4, Hebreus 10:23, Salmos 86:15, Salmos 89:1, Salmos 91:3-6, 1 Coríntios 1:9, 1 João 1:9, Romanos 3:3-4, 1 Coríntios 10:13.

> "Se somos infiéis, ele permanece fiel, pois de maneira nenhuma pode negar-se a si mesmo."
> **(2 Timóteo 2:13)**

- Jesus foi fiel ontem, hoje e será para sempre.
- O homem trai, machuca, deprime e abandona, mas Deus não é homem e sempre será fiel.
- A gente só consegue confiar em Jesus se andarmos com Ele.
- Ser fiel é ser constante, perseverante e não mudar independentemente das circunstâncias.
- Quando a dificuldade chega, a primeira coisa que Satanás coloca na nossa mente é para sacrificarmos as coisas de Deus.
- Deus é o Deus da provisão, mas principalmente da presença.
- Muitas vezes queremos o Deus da provisão, mas não somos presentes na fidelidade.

- Não deixe que as circunstâncias te afastem de Deus e sim te aproximem.
- Jó perdeu tudo que era terreno, mas não perdeu o espiritual, ele permaneceu fiel.
- Será que você permanece fiel no momento da dor?
- Ser fiel no dia bom é fácil, mas temos que ser fiéis quando aos olhos humanos está tudo errado e difícil.
- É no momento da dificuldade que o orgulho sai e a humildade entra e Deus transforma tudo.
- O padrão de beleza do céu é diferente do padrão de beleza da Terra.
- Deus é fiel em TUDO que faz.
- Ele é fiel em tudo, então por que estamos desesperados?
- Deus nunca erra, podemos confiar e descansar, pois Ele é fiel em todo o tempo.
- Os homens prometem, mas não cumprem. Mas Deus cumpre tudo que promete.
- Mesmo que sejamos infiéis, Deus permanece fiel.
- Não importa se todo mundo é infiel, você precisa refletir o caráter de Deus.
- Tem gente que é pobre de fidelidade.
- O Espírito Santo te ensina todas as coisas, Ele vai te ensinar a ser fiel, basta buscá-lo.
- Jesus tem para mim e para você uma vida de fidelidade.
- O mundo pode estar perdido, não se contente com os pratos de lentilha do mundo. Você não é todo mundo.
- O seu compromisso não é agradar a todo mundo, e sim agradar a Deus.
- Você precisa primeiro ser fiel a Deus, segundo a você e depois às pessoas.
- O padrão de fidelidade em sua vida precisa ser o padrão do céu.
- Deus te chama para ser fiel no padrão do céu.

- Deus quer que a sua vida seja um testemunho da fidelidade dEle na Terra.
- Deus é fiel nas grandes e pequenas coisas, nas poucas e muitas coisas.
- Você tem que ser fiel, porque Deus é fiel a você.
- Você precisa ser fiel aos pais, filhos, cônjuge e amigos.
- A fidelidade é um escudo de proteção.
- Você não consegue ser fiel por si mesmo, só através de Jesus, pois a fidelidade é um fruto do Espírito Santo.
- Se tirar Jesus de nós não sobra nada de bom, pois tudo de bom vem de Jesus.
- Fidelidade é um fruto do Espírito Santo. Você só encontrará fidelidade naqueles que são obedientes e deixam o Senhor reinar.
- Não importa o quanto você já errou, se você confessar, Ele é fiel e justo para te perdoar e te restaurar.
- Os homens têm dificuldade de perdoar, mas Deus não é homem e tem facilidade. Você só precisa se arrepender de todo coração.
- A tua infidelidade não anula a fidelidade de Deus.
- Deus nunca vai nos dar uma provação que não possamos suportar.
- Deseje do mais profundo do seu coração imitar a Deus.
- Jesus é o nosso padrão de referência de fidelidade.
- Pare de olhar para as traições e olhe para aquele que te levanta e te sustenta, que é Jesus Cristo.
- Que a partir de hoje, paremos de olhar para os homens e passemos a olhar somente para Deus.
- Se Ele prometeu, creia e descanse, pois Ele cumprirá.

PERGUNTAS PARA REFLEXÃO:

- No momento da dificuldade, você se aproxima ou se afasta de Deus?
- Quantas vezes você fez um voto a Deus e não cumpriu?
- Quantas vezes você disse que daria uma oferta e não cumpriu?
- Quantas vezes você disse que não gastaria o dinheiro da semana e não cumpriu?
- Quantas vezes você disse que começaria o devocional e não cumpriu?
- Você escolhe olhar para a fidelidade de Deus ou para a infidelidade dos homens?

ORAÇÃO DO DIA:

Pai, em nome de Jesus, eu necessito da tua ajuda, do teu perdão, da tua misericórdia, Pai, por favor me perdoe por todas as vezes que eu já fui infiel na minha vida, em todas as áreas. Pai, eu quero, eu desejo, eu anseio por ser uma pessoa fiel, assim como o Senhor é, por favor derrame sobre a minha vida o fruto do Espírito Santo que é a fidelidade, para que, a partir de hoje, eu seja uma pessoa fiel em todo o tempo, em nome de Jesus. Amém!

O QUE JESUS ME REVELOU HOJE?

_____

_____

_____

_____

_____

DIA 34

TEMA: A alegria de Jesus!
LOUVORES: Tua alegria (Isadora Pompeo), Chamado (Áquila), É a presença (Elaine Fernandes)
VERSÍCULOS: Salmos 51:7, Salmos 51:10, Hebreus 11:1, Lucas 1:37, Números 23:19, Gálatas 5:23, João 5:35-44, João 4:34, Mateus 24:11, Mateus 7:22-23, Filipenses 4:4, 1 Tessalonicenses 5:16, João 15:11, Salmos 51:12, Hebreus 4:12.

> *"Porque para Deus não haverá impossíveis em todas as suas promessas."*
> **(Lucas 1:37)**

- A alegria do Senhor nos traz cor e nos fortalece.
- A alegria do Senhor é a nossa força.
- Um coração alegre é um coração mais forte e preparado para passar por momentos difíceis.
- É impossível não sentir alegria se olharmos para o amor de Deus.
- O amor de Deus foi demonstrado na cruz do calvário.
- Olhar com olhos espirituais é você olhar com fé.
- Aos seus olhos físicos, você está vendo algo errado, mas aos olhos espirituais você tem motivos para se alegrar.
- O que Jesus conquistou na cruz é para aqueles que creem.
- A alegria única e plena só vem através da fé em Jesus Cristo.

- A vantagem de você chegar ao fundo do poço é que você pode olhar para Jesus e subir para viver as promessas dEle.
- Pare de buscar alegria em você mesmo ou nos outros. A verdadeira alegria vem de Jesus.
- Sempre vai existir algo ou alguém na Terra melhor que você, por isso sua alegria precisa vir de Jesus, não de coisas e nem de pessoas.
- A alegria verdadeira só pode vir de Deus, pois é fruto do Espírito Santo.
- Um dos maiores enganos de Satanás é nos fazer acreditar que nossa alegria está nas coisas da Terra.
- Pare de olhar a foto e olhe para o filme.
- Foto é uma coisa, a realidade é outra.
- Por fora bela viola e por dentro pão bolorento.
- Nós não precisamos da aprovação dos homens para sermos felizes.
- A alegria verdadeira não está na comida, casamento, dinheiro, compras, viagens e pessoas. Mas, sim em Jesus, pois essas alegrias são passageiras.
- Pare de buscar alegria nas coisas materiais.
- A verdadeira alegria está em Jesus. Isso basta!
- Quem não crê é porque não conhece Jesus.
- A letra mata, mas o Espírito vivifica.
- Quanto mais nos aproximamos de Jesus, mais percebemos o quanto precisamos melhorar.
- Não são palavras bonitas que convencem Jesus, mas sim um coração quebrantado e arrependido e atitudes e comportamentos de acordo com a Bíblia.
- Jesus foi rejeitado, traído e abandonado.
- Jesus dependia de fazer a vontade de Deus e isso bastava para Ele.
- A presença de Jesus precisa ser o seu maior prazer.

- Nunca foi e nunca será sobre buscar a glória de homens, e sim a glória de Deus.
- A sua alegria só vai ser completa se for a alegria de Jesus.
- A alegria número 1 da sua vida precisa ser o Espírito Santo habitando e reinando dentro de você.
- Mesmo sendo falhos e pecadores, o Espírito Santo escolheu morar dentro de nós.
- Para que o Espírito Santo flua dentro de você, é necessário passar tempo na palavra lendo, estudando e praticando.
- Não somos apenas uma casinha, mas na verdade somos templo do Rei Jesus.
- Se a presença de Deus não é suficiente para te alegrar, alguma coisa está errada.
- Aonde a presença de Deus chega, ela é suficiente para libertar, curar, salvar e alegrar.
- O Espírito Santo é o selo que testifica a nossa salvação.
- Que a sua maior alegria seja sempre a presença de Deus.

PERGUNTAS PARA REFLEXÃO:

- Como você diz que crê na palavra e não lê a Bíblia?
- Onde está a sua alegria?
- Onde você tem buscado alegria?
- Quem é seu melhor amigo?
- Onde você busca plenitude e felicidade?

ORAÇÃO DO DIA:

Pai, obrigado por nos ensinar que a verdadeira alegria está no Senhor e não nas pessoas ou nas coisas. Perdão pelas vezes em que buscamos alegria nas coisas da Terra; me ajude a ter a verdadeira alegria em tua presença, em nome de Jesus. Amém!

O QUE JESUS ME REVELOU HOJE?

_____

_____

_____

_____

_____

DIA 35

TEMA: Jesus é a palavra!
LOUVORES: Tua palavra (Adoradores 3), Palavra de Deus (Voz da Verdade), A tua palavra (Cassiane), A palavra (Leandro Borges + Vanilda Bordieri), Louvor e palavra (Isaías Saad)
VERSÍCULOS: Romanos 12:2, Mateus 4:4, João 16:33, Mateus 4:11, Mateus 6:19-20, 2 Timóteo 3:16, Salmos 119:105, Hebreus 4:12, Salmos 119:11, Salmos 119:89, Mateus 24:35, Provérbios 30:5, João 17:17, Tiago 1:22, Josué 1:8, Salmos 33:4, Jeremias 15:16, Mateus 4:4, João 14:21, Efésios 6:17, João 5:38.

> "E não vos conformeis com este século, mas transformai-vos pela renovação da vossa mente, para que experimenteis qual seja a boa, agradável e perfeita vontade de Deus."
> **(Romanos 12:2)**

- A Palavra de Deus é um tesouro que podemos encontrar para as nossas vidas.
- Quando nossa existência é baseada na Palavra de Deus, somos verdadeiramente felizes e plenos.
- Se você percebe que está desconectado de Deus, precisa buscar mais de Deus para sua vida.
- Jesus Cristo se revela para nós através da Bíblia.
- A palavra é o próprio Jesus.
- Jesus se revela na Bíblia
- A Bíblia é a boca do próprio Deus falando conosco.

- Todas as repostas que precisamos encontramos na Bíblia.
- A Bíblia nos mostra se a maneira que estamos prosseguindo está certa ou errada.
- Nossos pensamentos só estarão alinhados com os de Deus, se passarmos tempo meditando na palavra.
- A Bíblia revela os pensamentos de Deus.
- Sem conhecimento, meditação e prática, não teremos uma vida alinhada com Jesus.
- Jesus usou a palavra para vencer Satanás no deserto.
- Só vamos vencer o mundo através da Palavra de Deus.
- No deserto Jesus estava vazio de comida física, mas Ele estava alimentado da comida espiritual.
- Tem gente que está gordinho fisicamente, mas desnutrido espiritualmente.
- Para comer parece um leão de tão rápido, mas para ler a Bíblia parece uma tartaruga.
- Para comer é um leão, mas para orar e ler a Bíblia é uma negação.
- Precisamos comer menos da comida da Terra e mais da comida do céu, a Palavra de Deus.
- Menos do mundo, menos de você e mais de Deus.
- Se tivéssemos menos bagagem do mundo, seríamos mais leves, suaves e plenos.
- Pare de ser acumulador e seja mais doador.
- Se preocupe mais com as coisas do céu do que da Terra.
- A Bíblia nos ensina tudo e muitas vezes preferimos ler outros livros.
- A Palavra de Deus tem resposta para tudo.
- Você faz a sua parte e Deus faz a dEle.
- A Palavra de Deus é luz que ilumina nosso caminho.

- Se sua vida está em trevas, vai para a Bíblia, pois ela iluminará sua vida.
- A Bíblia é viva e eficaz.
- Quanto mais você se alimenta da Bíblia, mais você tem luz, amor e sabedoria.
- Guarde a Palavra de Deus em seu coração para não pecar contra Deus.
- Não é o que as pessoas falam de mim que vai me entristecer.
- Por você não conhecer a voz de Deus, não saberá discernir quem está falando com você.
- Pare de ouvir o que as pessoas falam ao seu respeito e ouça a voz de Deus.
- Não basta ouvir, você precisa praticar, ou seja, obedecer a Palavra de Deus.
- A Bíblia não é enfeite, é para ser meditada e praticada.
- Não adianta ler a Bíblia e continuar mentindo, julgando, fofocando, murmurando, ser caloteiro e desobediente.
- Nós precisamos ser operosos praticantes da Palavra de Deus.
- Você não é bem-sucedido porque lê a Bíblia, mas pelo que pratica fielmente.
- Tem gente que lê e só pratica o que é conveniente, temos que cumprir tudo que está escrito.
- Comer a palavra é ler e praticar.
- Aquele que obedece aos mandamentos e os pratica esse é que verdadeiramente ama a Deus.
- A Palavra de Deus é a espada que protege e ataca.
- Nós demonstramos que amamos a Deus quando estudamos, meditamos e praticamos a Bíblia.
- Quem fala com Deus tem o vocabulário do céu.

- A palavra é um caminho que quem escolher caminhar nele nunca errará.

PERGUNTAS PARA REFLEXÃO:

- O quanto você tem valorizado a Palavra de Deus em sua vida?
- Como você tem se alimentado da Palavra de Deus?
- Como está sua dispensa espiritual, vazia ou abastecida?
- Qual banquete você tem feito para Deus?
- Você está escutando mais o mundo ou Deus?
- Você está reconhecendo a voz de Deus?
- Como está o seu vocabulário?
- A Bíblia é o manual de vida que Deus nos deixou.
- Jesus é a palavra, só conheceremos Jesus de verdade se conhecermos a Bíblia Sagrada.

ORAÇÃO DO DIA:

Pai, em nome de Jesus, eu te agradeço por ter nos deixado o manual de como sermos filhos do Senhor, a Bíblia Sagrada. Pai, por favor, me perdoa por todas as vezes que eu preferi ouvir tantas pessoas ao invés de te ouvir através da Bíblia, me perdoa pelas vezes que escolhi ler outros livros ao invés de ler a Bíblia, me perdoa pelas vezes que tive preguiça e não li a tua Palavra, me perdoa principalmente, Pai, pelas vezes em que eu escolhi não obedecer a tua Palavra. Pai, me ajuda a, diariamente, ler, estudar, meditar e praticar a tua Palavra, me ajude e me ensine a ter fome e sede pela tua Palavra, me envia, Pai, a viver à luz da Palavra de Deus, em nome de Jesus. Amém!

O QUE JESUS ME REVELOU HOJE?

_____

_____

_____

_____

_____

DIA 36

TEMA: O amor de Jesus!

LOUVORES: Teu amor por mim (Luma Elpídio), Que amor é esse (Luma Elpídio), Imensurável (Aline Barros), Autor da vida (Aline Barros), Que amor é esse (Ana Paula Valadão + André Valadão), Me ama (Diante do Trono), O amor tem um nome (Leandro Borges)

VERSÍCULOS: Romanos 8:38-39, João 3:16, 1 João 2:15-17, João 4:34, João 13:35, Mateus 22:37-39, 1 João 3:11-14, 1 João 4:7-14, 1 João 2:7-8, Efésios 2:4-5, Efésios 5:1, 1 João 5:3.

> "Porque eu estou bem certo de que nem a morte, nem a vida, nem os anjos, nem os principados, nem as coisas do presente, nem do porvir, nem os poderes, nem a altura, nem a profundidade, nem qualquer outra criatura poderá separar-nos do amor de Deus, que está em Cristo Jesus nosso Senhor."
> **(Romanos 8:38-39)**

- O amor tem um nome, e o nome dEle é Jesus.
- O amor de Deus é a maior e mais poderosa força que existe.
- O amor de Deus pode quebrar qualquer barreira.
- O amor de Deus tem poder para quebrar todo e qualquer coração endurecido.
- O amor é a força mais poderosa do planeta Terra.

- O amor de Deus é tão grande que Ele decidiu não nos perder para o pecado.
- Sem o amor de Deus, Jesus nunca teria morrido na cruz para nos resgatar da morte e pecado.
- O amor de Deus é sublime e incomparável.
- Não importa como ou onde você esteja, você é amado por Deus.
- Deus quer tirar seus olhos do mundo e conectar aos olhos dEle.
- Mesmo que você tenha passado por muitos problemas na vida, o amor de Deus te alcança.
- Não compare o amor de Deus com o de ninguém na Terra.
- Muitas vezes nos frustramos, pois esperamos o amor das pessoas da Terra, mas o único amor que não nos decepciona é o de Jesus.
- Nem a morte é capaz de nos separar do poder do amor de Deus.
- Não existe macumba, maldição, praga que possa prevalecer ao poder do amor de Deus.
- A cruz é o símbolo do amor de Jesus.
- A maneira do amor dos homens é totalmente diferente do amor de Deus.
- A nossa maneira de amar é limitada. O mundo utiliza dar algo para expressar amor, mas muitas vezes Deus não nos dá o que desejávamos por amor.
- Precisamos nos aprofundar de verdade na Palavra de Deus.
- O não de Deus é uma excelente prova de amor.
- Nós nos afastamos do amor de Deus quando amamos o mundo no lugar de Deus.
- O mundo e a cobiça passam.
- Não dá para amar o mundo e a Deus.

- Jesus é a nossa referência de amor.
- O mundo quer que a gente foque no milagre, mas Jesus quer que a gente foque na intimidade com o Pai.
- Ame por obediência a Deus, com os defeitos, falhas, simplesmente ame.
- Pare de amar com o amor do mundo.
- Quanto mais você ama a Deus, mais você se amará e amará o próximo.
- Quem não ama, não conhece a Deus, porque Deus é amor.
- Quem não ama, pertence à morte.
- Aquele que ama é nascido de Deus, pertence a Deus, pois Ele é amor.
- O amor não é algo carnal, e sim espiritual.
- O amor carnal é uma mentira, é uma ilusão.
- Perdão é a quitação de dívidas.
- Jesus perdoou nossas dívidas, então também precisamos perdoar, e não nada em troca.
- Pare de esperar restituição das pessoas e espere pela restituição e justiça de Deus.
- No tempo certo Deus vai te honrar.
- Quem ama dá a outra face e caminha junto.
- Se amamos uns aos outros, Deus permanece em nós.
- Deus enviou seu filho para ser o Salvador do mundo.
- Só existe uma maneira de provarmos que amamos a Deus, é através da obediência.
- Ame a Deus sobre todas as coisas e ao seu próximo como a ti mesmo.
- Só teremos vida de verdade se amarmos a Deus e imitarmos Jesus.
- Jesus me apresenta a sua forma de amar.
- Pare de acreditar nas mentiras de Satanás.

- Conheça a verdade da Palavra de Deus e o amor de Jesus.
- Amar como Jesus ama é uma decisão.
- O amor de Jesus é leve, suave.
- Que sejamos conhecidos como discípulos do amor.
- Se João foi conhecido como discípulo, nós também podemos ser.
- Você não precisa buscar amor das pessoas, pois ele é limitado, busque o amor de Jesus.
- Deus nos ama tanto, que Jesus voltará para buscar aqueles que Nele crer, para morarmos com Ele para sempre.
- O amor de Jesus é completo.
- Deus sabe o que é melhor para você hoje, amanhã e eternamente.
- Confia de todo coração no amor de Jesus por você.
- Jesus é fiel e não decepciona aqueles que confiam Nele.

PERGUNTAS PARA REFLEXÃO:

- As suas comemorações são com as pessoas ou com Jesus?
- Você tem focado nas coisas do mundo ou de Jesus?
- O que você mais tem amado, pessoas, comidas, dinheiro ou Jesus?
- Você obedece a Deus de todo seu coração?
- Você conhece e crê no amor de Jesus por você?

ORAÇÃO DO DIA:

Pai, em nome de Jesus, por favor, me ensina a conhecer e experimentar do teu sublime amor, me ensina também a amar as pessoas com o teu amor incondicional e sem esperar nada em troca. Perdoe-me pelas vezes que busquei o amor das pessoas ao invés do teu amor, me perdoa pelas vezes que amei de maneira totalmente errada, mas, eis-me aqui, Pai, para conhecer e receber o teu amor, para demonstrar o meu amor por ti através da minha obediência aos teus mandamentos. Pai, por favor, me ensina a te amar acima de todas as outras coisas e a amar o meu próximo como a mim mesmo e como o Senhor me amou e me ama, em nome de Jesus. Amém!

O QUE JESUS ME REVELOU HOJE?

_____

_____

_____

_____

DIA 37

TEMA: A noiva de Jesus Cristo!
LOUVOR: A noiva (Gabriel Guedes)
VERSÍCULOS: Atos 17:24, Romanos 12:4-5, 1 Coríntios 12:14-20, Hebreus 10:25, Colossenses 1:24, Provérbios 31:26, Efésios 4:12, Hebreus 10:25.

> *"O Deus que fez o mundo e tudo o que nele existe, sendo ele Senhor do céu e da terra, não habita em santuários feitos por mãos humanas."*
> **(Atos 17:24)**

- A igreja é a noiva de Cristo.
- A igreja é o plano de Deus para levar as boas novas ao mundo.
- A igreja é santa e de Jesus.
- A igreja não é placa e nem templo de concreto, nós somos a igreja de Jesus Cristo.
- A igreja somos nós.
- O Deus que fez o mundo não habita em santuário feito por mãos humanas.
- Os seus pais só coabitaram, mas quem te gerou foi o Deus.
- Quando você fala mal de igreja, você está falando de homens de Deus e do seu próprio corpo.
- Jesus Cristo é o cabeça desse corpo, o cabeça da igreja.

- Você tem noção que mesmo sendo falho Deus nos escolheu como filho?
- O mundo te rejeita, mas Cristo te aceita, te ama e quer se relacionar com você aqui na Terra e na eternidade.
- Deus não colocou como igreja para julgar, mas sim para amar.
- É mandamento bíblico nos reunirmos na igreja para cultuarmos a Deus e termos comunhão com os nossos irmãos.
- Quando nos reunimos como igreja, Jesus precisa ser o centro da reunião.
- Pare de ir para a igreja olhar as roupas dos irmãos.
- Altar é lugar de entrega.
- O objetivo da igreja não é adorar a homens, e sim a Jesus.
- Quem te alimenta não é o pastor é o Espírito Santo.
- Precisamos entregar a Jesus nossa mente, corpo, alma e coração.
- O mundo pode até te rejeitar, mas Deus nunca te rejeita, Ele rejeita o pecado e não o pecador.
- A opinião do mundo não te define, você precisa seguir a opinião de Jesus.
- Pedra na Bíblia significa Jesus Cristo e as portas do inferno não poderão vencê-la.
- A revelação veio a Pedro porque ele andava com Jesus.
- Quando você se rende a Jesus, vem a cura e a revelação.
- O problema é que a gente quer os milagres, mas não queremos caminhar junto com Jesus.
- O povo quer ser igreja apenas no domingo, mas precisamos ser igreja todos os dias.
- Não é sobre você ESTAR na igreja, é sobre você SER igreja.
- O que importa é você saber o que Deus diz sobre você, e isso você só encontra na Bíblia Sagrada.

- Ser corpo de Cristo não é só vitória, é também sofrer com Cristo.
- Jesus foi para a cruz, mas você não quer passar por dificuldade nenhuma.
- Antes da ressurreição tem a crucificação.
- Jesus não nos enganou, Ele disse "permaneçam fiéis pois eu venci o mundo".
- A autoridade vem das dificuldades e dos problemas que você passa.
- Deus nos chama para ser treinado na selva.
- Mar revolto é que faz um bom marinheiro experiente.
- Deus é o Deus que faz o leão jejuar.
- É quando você vence o processo que ganha autoridade.
- Ser capacitado por Deus é bem melhor do que ser capacitado por homens.
- Jesus é o melhor *headhunter* (caça talentos) que existe.
- Jesus escolhe os improváveis, os rejeitados, os que ninguém acredita.
- Para Deus te capacitar, você precisa se render.
- O maior adorno que você pode ter é a obediência e a humildade.

PERGUNTAS PARA REFLEXÃO:

- Você tem buscado crescer em Cristo?
- Você vai para igreja para cultuar a Deus ou para ser cultuada?
- Será que você tem se alegrado no seu sofrimento ou tem procrastinado?
- Que tipo de noiva você é? Adornada, cheirosa, obediente, fiel, relaxada ou infiel?

- Você está pronta para se encontrar e se casar com seu noivo?

ORAÇÃO DO DIA:

Pai, Abba Pai, eu preciso do Senhor, me ensina a verdadeiramente ser tua noiva, uma noiva fiel e adornada, pronta para se casar com o Senhor. Pai, me perdoa pelos anos em que fui uma noiva relaxada e distraída, mas eis-me aqui, Pai, para aprender, para ser treinada, capacitada e preparada para o meu encontro com o Senhor, eu anseio por isso, eu desejo isso, e quero ser a melhor noiva que eu puder ser, comprometida, obediente e fiel ao meu noivo, em nome de Jesus Cristo. Amém!

O QUE JESUS ME REVELOU HOJE?

_____
_____
_____
_____
_____

DIA 38

TEMA: Jesus é o Pão da vida!
LOUVOR: Deus proverá (Gabriela Gomes)
VERSÍCULOS: Salmos 1:1, Mateus 6:9-11, João 6:25-45, Salmos 27:1, Salmos 37:4, Filipenses 2:13.

> *"O pão nosso de cada dia dá-nos hoje."*
> **(Mateus 6:11)**

- Comida fala de mesa, intimidade e comunhão.
- Deus está nos chamando para mudar de mesa.
- Jesus é imprescindível para termos comunhão com Deus.
- Jesus é o pão nosso de cada dia.
- Jesus é o pão da vida eterna.
- O pão da Terra alimenta e sacia a carne, mas Jesus é o pão que alimenta e sacia o espírito.
- Tem gente que não come para viver, mas vive para comer.
- Jesus está voltando e precisamos estar adornados com o que realmente é necessário.
- Nós somos acostumados a sermos executores, mas Deus nos chama para sermos transformadores.
- O mundo manda você fazer e ter, mas Deus manda você apenas crer e ser.
- Sem fé é impossível agradar a Deus.
- Deus está convocando uma nova geração, que não precisa ter ou fazer para testemunhar.

- Deus quer os verdadeiros adoradores.
- A forma correta de realizarmos algo para Deus é crendo e obedecendo.
- A fé precisa vir em primeiro lugar e as bençãos de Deus nos alcançam.
- Deus dividiu o filho, mas a glória Dele não divide com ninguém.
- Somos chamados de crente, porque o nosso maior chamado é crer em Jesus.
- A Bíblia precisa ser o nosso alimento diário.
- Você se alimenta do pão da vida quando você busca as coisas espirituais e não carnais.
- Se você se alimenta de Jesus que é o pão da vida, jamais terá fome das coisas da Terra.
- Resista a Satanás e ele fugirá de você.
- Para caminhar com Jesus, precisamos ir crendo e obedecendo.
- Você está vivo e respirando, o que mais você precisa ver?
- Sem crer não temos acesso ao céu.
- Quem tem fé em Jesus, tem garantia da eternidade e uma vida abundante na Terra.
- Seu nível de leitura bíblica mostra que você tem fé.
- Deus está te chamando para se alimentar e desfrutar do pão da vida.
- Que a sua meta diária seja se alimentar da Palavra de Deus, ser cheio e transbordante da Presença de Deus.
- Quando você se alimenta da Palavra e Deus, de Jesus, você não funciona, você flui.
- Jesus é caminho até Deus, sem se alimentar de Jesus não poderemos nos relacionar com Deus.
- Alimente-se de Jesus, Ele é o Pão da vida.

PERGUNTAS PARA REFLEXÃO:

- Você quer agradar a Deus ou as pessoas?
- Por que somos chamados de crente?
- Você tem buscado Jesus diariamente com empenho, dedicação e fome?
- Chateado, triste, desanimado e revoltado, você continua buscando a Jesus?
- Será que você está vendo os milagres de Jesus e continua sem crer?

ORAÇÃO DO DIA:

Pai, em nome de Jesus, me ensina e me ajuda a me alimentar do Pão da vida que é Jesus Cristo. Espírito Santo, eu necessito do Senhor, me ensina a ler e praticar o que está na Bíblia Sagrada. Pai, me perdoa por todas as vezes que eu me alimentei mais das coisas do mundo do que da tua Palavra e da tua Presença. Pai, eu preciso fluir no teu Espírito Santo, eu preciso caminhar no caminho correto que é Jesus Cristo, eu preciso do Pão da vida que alimenta o meu espírito que é Jesus. Pai, eu estou faminta, estou necessitada de Jesus na minha vida, e sei que isso só é possível através da Bíblia Sagrada e da obediência, então, por favor Espírito Santo, me ensina a me alimentar da Bíblia todos os dias e a praticar o que está escrito nela, em nome de Jesus. Amém!

O QUE JESUS ME REVELOU HOJE?

_____
_____
_____
_____
_____
_____

DIA 39

TEMA: A vontade de Jesus!
LOUVORES: Autor da vida (Aline Barros), Oceanos (Ana Nóbrega)
VERSÍCULOS: Marcos 3:33, Romanos 8:27, Lucas 22:41-42, Salmos 143:10, João 9:31, Mateus 6:9-10, 1 João 2:17, João 6:37-40, Efésios 1:9-10, Mateus 7:21, 1 João 5:14-15, Atos 20:27, Efésios 1:4-6, 1 Tessalonicenses 5:18, 1 Pedro 2:15, 1 Crônicas 27:6.

"Ensina-me a fazer a tua vontade, pois és o meu Deus. O teu Espírito é bom; guie-me por Terra plana."
(Salmos 143:10)

- Jesus veio para a Terra para realizar a vontade de Deus.
- Jesus veio a Terra para perdoar os nossos pecados e nos resgatar das trevas.
- Jesus veio a Terra nos ensinar a como verdadeiramente sermos filhos obedientes a Deus.
- Os planos de Deus são melhores e maiores que o nosso.
- Os planos de Deus são de nos fazer prosperar e termos um bom futuro.
- A vontade de Deus é trazer a salvação eterna para todos.
- A vontade de Deus é que ninguém pereça.
- Deus não erra, Ele é pai e quer ver o filho prosperar.

- A maior vontade de Deus é nos trazer salvação.
- Satanás é um enganador, destruidor, ladrão e uma das suas maiores estratégias é que almejemos a nossa vontade e não a de Deus.
- Pare de se comparar com os outros, Satanás faz você olhar para o lado e para as coisas carnais, mas Deus te chama para olhar para Ele.
- Satanás quer que sejamos egoístas e vivamos a nossa própria vontade.
- O nosso coração é enganoso e corrupto, Deus nunca erra.
- Jesus andava com aqueles que desejavam fazer a vontade do Pai.
- Jesus é suficiente, ele é tudo que precisamos.
- Davi pediu ao Senhor para ensiná-lo a fazer a vontade dEle.
- Todos os dias travamos uma luta entre a nossa carne e o nosso espírito.
- Leia a Bíblia com calma e paciência, pedindo sabedoria, entendimento e discernimento para praticá-la.
- É através da Palavra de Deus que você vai viver as melhores experiências de sua vida.
- O céu é a referência.
- Deus nos dá o livre arbítrio, Ele não quer que sejamos robôs e sim filhos.
- Deus te dá o poder de escolher.
- Jesus não obriga ninguém a fazer nada.
- Jesus renunciou às suas próprias vontades, e nos ensina que esse é o melhor caminho.
- Escolha você também renunciar a vontade da sua carne para fazer a vontade de Deus, na certeza de que a vontade de Deus é boa, perfeita e agradável.

- Demonstramos que amamos verdadeiramente a Deus quando obedecemos aos seus mandamentos.
- A vontade de Deus é que o amemos e o obedeçamos.
- A vontade de Deus não se limita as coisas da Terra, mas é ilimitada, pois tem a ver com as coisas do céu.
- A nossa vida, o nosso ministério, precisam honrar a Cristo.
- Vai entrar no reino de Deus aquele que faz a vontade de Deus.
- Precisamos fazer a vontade de Deus com alegria.
- Precisamos pedir a Deus para alinhar o nosso coração ao dEle.
- Se pedirmos alguma coisa, de acordo com a vontade de Deus, ele fará.
- Se estou pedindo algo e Deus não me deu é porque não é a vontade dEle.
- Toda vontade de Deus está na Bíblia.
- A vontade de Deus é que sejamos santos, irrepreensíveis e gratos.
- Você quer ser poderoso na Terra, ande fielmente segundo a vontade de Deus.
- Que seus maiores pedidos não sejam da Terra, e sim para fazer a vontade de Deus.

PERGUNTAS PARA REFLEXÃO:

- Você faz a vontade do Pai?
- Você está fazendo suas vontades ou as vontades de Deus?
- Você confia que a vontade de Deus é melhor?
- O que você tem pedido para Deus?

- Os seus pedidos são para satisfazer seu ego ou a Deus?
- Qual a vontade de Deus para a sua vida?
- Será que temos alegria de fazermos a vontade de Deus?

ORAÇÃO DO DIA:

Pai, o meu pedido de hoje é para que o Senhor me ensine e principalmente me ajude a renunciar às minhas próprias vontades para que eu possa fazer alegremente a tua vontade, meu Pai, porque agora eu sei que a tua vontade é o melhor para mim, a tua vontade é boa, perfeita e agradável. Pai, hoje eu também quero te pedir perdão por todas as vezes que por ignorância ou por orgulho eu preferi fazer a minha vontade ao invés de fazer a tua. Espírito Santo, hoje eu me rendo a ti e te imploro que, por favor, pegue na minha mão e me ensine a fazer 100% a vontade de Deus para a minha vida, eu quero viver exatamente o projeto de Deus para minha vida, aquele perfeito que Ele escreveu e determinou para mim antes mesmo de eu ser uma substância informe no ventre da minha mãe, eu quero viver o Projeto Perfeito de Deus para mim, em nome de Jesus. Amém!

O QUE JESUS ME REVELOU HOJE?

_____

_____

_____

_____

_____

DIA 40

TEMA: A volta de Jesus!
LOUVORES: Clareia (Thalles Roberto), Pode morar aqui (Theo Rúbia), Quão belo é o Senhor (Adhemar de Campos), Estou a procurar (André Valadão), Ao único (Aline Barros)
VERSÍCULOS: João 14:2-3, Mateus 24:27, Mateus 6:33.

> "Porque, assim como o relâmpago sai do oriente e se mostra até no ocidente, assim há de ser a vinda do Filho do Homem."
> **(Mateus 24:27)**

- Um dia Jesus voltará e todos aqueles que o amarem e obedecerem serão levados para o céu e morarão com Jesus para sempre.
- A volta de Jesus é das suas principais promessas.
- Essa é a promessa que todo cristão espera com muita alegria no coração.
- Essa é nossa maior alegria e nossa maior esperança, a volta de Jesus.
- Deus não falha em nenhuma das suas promessas.
- Depois que Jesus foi ressuscitado passou 40 dias com os discípulos, e foi arrebatado para o céu, lá Ele intercede por nós e prepara a nossa morada.
- Só Deus sabe o dia e a hora que Jesus voltará.
- Jesus está voltando, essa certeza temos através do Espírito Santo.

- Ninguém sabe o dia nem a hora, por isso o Senhor nos convida para nos entregarmos verdadeiramente para viver na sua dependência.
- Que sejamos totalmente guiados pelo Espírito Santo.
- Hoje, Deus está fazendo um convite para a dependência, entrega e obediência.
- A volta de Jesus será na hora que não estivermos esperando.
- Jesus está te chamando para parar com o pecado agora, pois se você não mudar, ele vem e você fica.
- O principal desejo de Deus, é sua salvação, que você seja um filho arrependido e quebrantado.
- Você está triste porque inverteu a ordem, coloque sua vida em ordem AGORA mesmo, primeiro busque a Deus.
- Jesus precisa ser o nosso maior amor.
- Coloque Jesus no lugar certo na sua vida, o lugar certo é no trono da sua vida, o lugar certo é o PRIMEIRO na nossa vida.
- Jesus nos chama para o buscarmos em primeiro lugar, porque Ele irá nos acrescentar todas as outras coisas.
- Deus criou todas as coisas primeiro para depois nos criar. Portanto tudo que você precisa para viver está em Jesus.
- Se prepare para a volta de Jesus, porque Ele já está voltando.
- A cada dia que passa está mais próximo da volta dEle.
- Viva todos os dias como se fosse hoje a volta de Cristo.
- Vigie o tempo todo, porque não sabemos quando Ele voltará.
- Jesus voltará, essa é uma certeza absoluta nas nossas vidas.

- Entregue sua vida AGORA mesmo a Jesus, coloque Ele em primeiro lugar.
- O arrebatamento é uma verdade, e será apenas uma questão do dia e da hora exata para acontecer.

PERGUNTAS PARA REFLEXÃO:

- Se Jesus voltasse hoje, como Ele te encontraria?
- Você está pronto para a volta de Jesus?
- Você tem azeite na lamparina para a volta do noivo?
- Você está vigilante para a volta de Cristo?
- Você crê de todo seu coração na volta de Deus?

ORAÇÃO DO DIA:

Abba Pai, meu Senhor, faz morada em mim, já coloquei minhas vestes brancas, vem, Senhor. Consagramos todo o nosso ser a ti. Pai, me perdoa pelas vezes em que não te coloquei em primeiro lugar na minha vida, me perdoa pelas vezes que vivi uma vida totalmente desorganizada e desordenada, me perdoa pelas vezes que vivi sem nem sequer lembrar da tua volta, me ajuda, Espírito Santo, e me ensina a te buscar em primeiro lugar, me ensina a te colocar no centro da minha vida. Através de mim, Jesus, clareia, Jesus, faça resplandecer o teu rosto sobre mim. Espírito Santo, me capacita, me enche da tua presença e transborde através de mim, em nome de Jesus. Amém!

O QUE JESUS ME REVELOU HOJE?

_____

_____

_____

_____

_____

Conclusão

Exatamente no dia 30/05/2022 encerramos esse propósito sobrenatural de Deus em nossas vidas. Foram 40 dias de *lives* via Instagram e que se transformaram neste lindo e abençoado livro e claro, como está escrito na Bíblia, "Melhor é o fim das coisas do que o seu princípio; melhor é o paciente do que o arrogante" (Eclesiastes 7:8).

Deus preparou um lugar especial, com pessoas especiais: o lugar foi a chácara dos meus amigos Arlete e Toninho. Além deles que estiveram presentes, Deus preparou uma família de amigos muito especiais: o meu irmão, o músico Thiaguinho Demétrio, e toda sua família, sua esposa Debora Demétrio e seus filhos Pedro e Anthony, além do seu amigo, o cantor Márcio Barros, e vivemos um momento extraordinário de palavra, louvor e adoração que você também pode conferir assistindo à *live* número 40 no canal do youtube.com/patriciapimentell.

Esses 40 dias foram extremamente desafiadores, não só pelo horário das *lives* que aconteciam às 4h40 da manhã, mas também por todo o contexto, conhecer a Jesus, o nosso Salvador, o nosso resgatador, o Rei dos reis, Senhor dos senhores. Mas posso garantir que foi uma das maiores e melhores experiências da minha vida, foi uma virada de chave total, percebi o quanto eu preciso de Jesus, o quanto eu precisava e ainda preciso ser transformada, o quanto eu preciso me dedicar diariamente a conhecê-lo de fato e de verdade. O mais lindo foi descobrir que essa é minha maior missão de vida, conhecer Jesus, aquele que pagou todos os meus pecados, aquele que me adotou como filha, aquele que me deu o direito de morar para sempre na eternidade com o meu Abba Pai, que me ama com todos os meus defeitos e falhas, aquele que me amou primeiro. Eu também descobri que minha principal meta de vida não é apenas conhecê-lo, mas também me relacionar com Ele, mas, não é qualquer tipo de relacionamento, é um relacionamento sério, íntimo e profundo, é um compromisso, o mais importante compromisso da minha existência. Eu descobri que esse é o relacionamento mais importante da minha vida, e que esse relacionamento é o que vai nortear todos os outros relacionamentos da minha vida.

Jesus está assentado à direita de Deus Pai, e Ele não nos deixou órfãos, Ele nos deixou o Espírito Santo de Deus, que é meu consolador, meu melhor amigo, o selo da minha salvação, meu professor, meu mestre, aquele que estará comigo até a volta de Jesus. "Mas o Consolador, o Espírito Santo, a quem o Pai enviará em meu nome, esse vos ensinará todas as coisas e vos fará lembrar de tudo o que vos tenho dito" (João 14:26).

Além disso outras duas coisas muito especiais aconteceram no fechamento desse propósito: assim que finalizamos o propósito de 40 dias, fizemos o retiro da presença na Bahia. O retiro é um evento muito especial voltado totalmente à busca do Espírito Santo, da intimidade e do relacionamento profundo, e logo em seguida eu embarquei para minha quarta viagem para a Terra Santa, Israel, exatamente o lugar onde Jesus nasceu, viveu e foi morto, mas também ressurreto. Essa sem sombra de dúvidas foi a melhor viagem da minha vida, em que pude viver experiências incríveis. Começamos pela Galileia, onde Jesus se batizou, curou e realizou tantos milagres, depois fomos para Jerusalém e mais uma vez pude desfrutar de uma presença sobrenatural, passando por lugares como o Getsêmani, Monte das Oliveiras, Muro das Lamentações e tantos outros lugares incríveis. Uma dica para você, amado leitor, se esforce e tenha como meta de vida conhecer Israel, com certeza será uma das maiores e melhores experiências que você viverá na Terra.

E houve mais uma surpresa linda. No dia 07/07/22 o meu amado amigo Leandro Borges lançou a música *O amor tem um nome*, que fala exatamente sobre Jesus – o amor tem um nome e o nome dele é Jesus. Eu tive a oportunidade de participar na gravação dessa música ao vivo no dia 08/01/22 na cidade onde o Leandro mora, em Balneário Rincão – Santa Catarina, e eu não poderia concluir este livro de uma maneira mais especial do que com essa música. Você irá encontrar a letra desse louvor na "orelha" deste livro.

Esse propósito Conhecendo Jesus faz parte do ministério que Deus me confiou, que é o Embaixadores da Presença, que tem como principal objetivo ensinar as pessoas a buscarem o reino de Deus em primeiro lugar, como está escrito em Mateus 6:33: "Buscai, pois, em primeiro lugar, o seu reino e a sua justiça, e todas estas coisas vos serão acrescentadas".

Em nome de Jesus, eu espero que este livro tenha te levado para mais perto de Jesus, e que você a partir de agora tenha um relacionamento sério, de compromisso e de intimidade com Ele, que sua vida nunca mais seja a mesma, que você tenha tido as maiores e melhores experiências com o Espírito Santo e que você tenha desfrutado e continue desfrutando da Presença de Jesus, porque ela é a coisa mais importante que temos em nossa vida, pois é através da Presença que moraremos para sempre na eternidade com o nosso Abba Pai.

Nós nos encontraremos no próximo livro, em nome de Jesus. Siga os Embaixadores da Presença nas redes sociais e te convido a participar de um dos nossos eventos presenciais.

Agora você é nosso convidado mais que especial para continuar conhecendo Jesus também através do PodCast Conhecendo Jesus que está disponível em todas as plataformas digitais de PodCast, como Apple Podcast, Deezer, Spotify, Amazon e Google. Toda semana tem episódios novos!!!

Um grande beijo no seu coração, desejo paz, prosperidade e muita presença do Espírito Santo na sua vida, na sua casa e na sua família, em nome de Jesus.

Deus abençoe,
Patrícia Pimentell

Você também pode acompanhar as redes as sociais do nosso ministério Embaixadores da Presença e se aprofundar ainda mais em Jesus.

ACESSE AS REDES SOCIAIS DO NOSSO MINISTÉRIO.
Site: www.embaixadoresdapresenca.com
Instagram: @embaixadoresdaPresença

Testemunhos

1

O propósito de 40 dias foi muito desafiador, foi uma luta a cada dia para estar acordada de domingo a domingo todos os dias às 4:40h da manhã, mas eu sei que tenho que lutar contra a vontade da minha carne para viver a vontade do Espírito, porque estávamos ali 40 dias aprendendo sobre quem é Jesus. Nessa *live* aprendi que Jesus é FIEL, íntegro, Jesus é santo, Jesus é manso, Jesus é simples. Como é maravilhoso conhecer as virtudes de Jesus. Jesus é nosso maior exemplo a seguir todos os dias. Esse propósito que Deus colocou no coração da pastora Patrícia foi para nos ensinar como devemos ser fiéis em ouvir e obedecer a Deus rapidamente.

Arlete Bello

2

Deus sempre nos surpreende com seu amor e cuidado! Ele é uma fonte inesgotável! Caminhar com a pastora Patrícia Pimentell tem sido uma bênção de Deus e um tempo de muito crescimento espiritual. Depois do propósito de 120 dias, veio os 270 dias, o Retiro da Presença, e agora o Senhor tem usado sua filha amada para nos convocar e nos ajudar a cumprir mais um novo propósito de 40 dias conhecendo Jesus. Nestes dias, tenho conhecido Jesus mais profundamente e despertado em meu coração o desejo de conhecê-lo e prosseguir conhecendo-o mais e mais. Pastora, obrigada por sua entrega, disposição e amor. Deus vai honrar cada madrugada que a senhora acordou para ser instrumento de Deus na vida de cada Embaixador da Presença. Beijos.

Évila e família

3

O que falar da série de *lives* 40 dias conhecendo Jesus? Ah, verdadeiramente elas têm me levado a conhecer mais sobre Jesus e a ter mais intimidade com Ele, a entender que (se tirar Jesus de mim) não sobra nada, como diz nossa amiga Selminha; têm me feito entender que preciso confiar, e depender de Jesus em todos os momentos sem me importar com o que esteja acontecendo ao meu lado. Foi um tempo de intimidade, conhecimento e novas experiências com Jesus. Gratidão é a palavra que resume esse propósito em minha vida. Com amor e gratidão.

Vitória

4

Esse propósito de "40 dias conhecendo Jesus" tem firmado e fortalecido ainda mais a minha aliança com Jesus, sobre quem venho aprendendo com as ministrações da pastora Patrícia Pimentell, e tem me ensinado a conhecer e prosseguir conhecendo o Senhor, buscando ordem espiritual e um relacionamento diário. Gratidão.

Anderson Curty

5

Deus preparou uma jornada de 40 dias para estarmos juntos conhecendo Jesus, um período espiritualmente expressivo. Na Bíblia, é um número que se apresenta com periodicidade em algumas situações, um tempo que Deus reservou para execução de alguns propósitos: Deus fez chover 40 dias e 40 noites; Moisés fugiu para Midiã, passou 40 anos no deserto cuidando dos rebanhos e esteve no Monte Sinai por 40 dias e 40 noites; os espiões israelitas levaram 40 dias para espionar Canaã; Elias fugiu de Jezabel, viajou 40 dias e 40 noites para o Monte Horebe; Jesus foi tentado por 40 dias e 40 noites; houve 40 dias entre a ressurreição e a ascensão de Jesus, entre outras. Recentemente, a quarentena se referiu a um tempo de isolamento para não propagar o vírus da covid. Como surgiu os 40 dias conhecendo Jesus? Deus colocou o desejo no coração da pastora Patrícia Pimentell para que convocasse os Embaixadores da Presença para conhecerem a vida do Seu Filho amado Jesus Cristo e serem transformados pela renovação da mente, sendo capazes de experimentar e comprovar a boa, agradável e perfeita vontade de Deus em suas vidas. Com o auxílio e misericórdia de Deus, nos empenhamos nos 40 dias nesse propósito para edificarmos e forjarmos nosso caráter, tendo como base a vida de Cristo. Na Bíblia encontramos palavras de verdades eternas, as quais nos colocam na posição de filhos: "Nele, digo, em quem também fomos feitos herança, havendo sido predestinados, conforme o propósito daquele que faz todas as coisas, segundo o conselho da sua vontade; Com o fim de sermos para louvor da sua glória, nós os que primeiro esperamos em Cristo" – Efésios 1;11-12. Todas as manhãs às 4:40h estava Patrícia Pimentell abrindo as portas da nossa igreja através do Instagram, de início uma breve oração, um delicioso bom dia e posteriormente o nosso culto ao Senhor tendo cada dia o seu tema, cada um pegava seu maná para uma área de sua vida ser transformada, ele não era para ser guardado, mas, para ser praticado e ter o caráter como o de Cristo. Quando o despertador tocava e a vontade de dormir mais um pouquinho chegava, pegava o celular e na cama ficava, ao ver a Pra. Patrícia pronta para o culto, eu constrangida ficava e logo me despertava. Com ela aprendi a ter disciplina e rotina espiritual, a honrar compromissos, nunca faltou um dia em sua jornada, mesmo cansada, doente, indisposta, viajando... Sempre às 4:40h ou passando uns minutinhos lá estava, abrindo a sua igreja virtual e os embaixadores prontos para receberem o Maná Diário. Para quem não sabe, somos inquilinos do Instagram e às vezes ele ou o senhor wi-fi resolvem criar situações desagradáveis, mas tudo sempre se resolve porque Deus está no controle de tudo. Nossa caminhada foram 40 dias no Instagram com Patrícia conhecendo Jesus, foi como Moisés conduzindo seu povo e vivendo um milagre a cada dia; tiveram uns teimosos que ficaram no deserto, outros que foram puxados, aqueles que caíam e levantavam, outros que caminharam lado a lado, alguns entraram na metade do caminho, porém só participou e chegou ao final quem Deus realmente quis.

Tenho certeza de que testemunho é o que mais tem, cada um está em seu processo e em progresso, cada um tem algo para contar das maravilhas que Deus liberou nesse tempo.

Sabe que milagre recebi? Milagre é acordar todas as manhãs, é ter o alimento na mesa, é ter uma família, é ter uma igreja virtual e uma física para adorar ao Senhor, é conhecer irmãos de norte a sul sem sair de casa e ter aliança de oração, é poder Deus unir em lugares que nem imaginamos um dia ir, é conhecer Jesus Cristo e ter um caráter forjado Nele.

Se me perguntarem: o que você quer ainda conhecer? Minha resposta será: "Eu quero conhecer mais, mais e mais Jesus". Sabe quem colocou esse desejo em meu coração? A querida Patrícia Pimentell, que não tem hora e nem lugar para dobrar os joelhos e orar com alguém e por alguém, aquela que fala e pratica amor, a jovem que quebrou em mim qualquer tipo de religiosidade, aquela mulher que erra como nós, tem sonhos como nós, que tem chamado e obedece a Deus. João 15:16: "não me escolhestes vós a mim, mas eu vos escolhi a vós, e vos nomeei, para que vades e deis fruto, e o vosso fruto permaneça, a fim de que tudo quanto em meu nome pedirdes ao Pai ele vos conceda."

Angélica Candida Mariano Araujo Galdino

6

Falar dos 40 dias é simplesmente maravilhoso. Eu tenho vários testemunhos, mas quero deixar um registrado nesse momento. No dia da pregação sobre o milagre, o Senhor falou fortemente ao meu coração em muitos pontos. Eu vivi uma linda experiência com Deus. O Espírito Santo falou o dia todo comigo em tudo o que eu fazia. O Espírito Santo falou dos milagres, e me levou a uma palavra na Bíblia e pediu para eu mandar para a Paty. Foi lindo ver o mover de Deus.

Queli Amaral

7

A paz do SENHOR Jesus! Amém! Meu nome é Patrícia Luiz Ferraz Corrêa, sou de Araçatuba, no interior de São Paulo. Faço parte desta família linda, Embaixadores da Presença, a quem Deus confiou ser cuidada através da vida da nossa amada pastora Patrícia Pimentell. Estamos no propósito de 40 dias conhecendo Jesus, sim, um propósito para conhecer mais e mais sobre a pessoa de Jesus! Por que isso se faz necessário? Por um só motivo: somos pecadores e falhos, e muitas das vezes nos esquecemos que Jesus é o próprio Deus, que veio ao mundo com a missão de nos resgatar desta vida falha e pecadora! Através da vida da Paty, deste ministério tão lindo, Deus nos exorta com tanto amor, mostrando que Ele é fiel, sempre foi, e sempre será! Meu Deus, como o SENHOR tem falado comigo neste propósito, o quanto há coisas em mim que precisam ser tratadas, e que se não fossem as tuas misericórdias, eu nem estaria aqui para testemunhar o quanto Tu és Grande, e está comigo! A *live* de hoje, então (25/05/2022), me mostrou o quanto tenho dito palavras que não te agradam, e quando a Paty disse: "foram os sacerdotes, conhecedores da Palavra que crucificaram Jesus", foi mais que uma lapada, foi mais do que uma tijolada!

Eu sei de uma coisa, hoje eu vou ser melhor que ontem, para Honra e Glória de Deus, e muito mais praticante da tua Palavra, em nome de Jesus! Nós precisamos buscar conhecer Jesus, em todos os nossos dias, pois somente Ele pode nos mostrar onde falhamos, porque a nossa visão é tão limitada, que se restringe a olhar o defeito dos outros, sendo que nós temos tantos defeitos, tantas fraquezas, e só tem um ser que pode nos transformar (e está transformando), que é Jesus Cristo de Nazaré! Aleluia! SENHOR, eu te louvo, pela rica oportunidade de poder testemunhar a tua Grandeza, que a boa obra que o SENHOR começou em mim, e na família Embaixadores da Presença se cumprirá, para Honra e Glória do Teu Nome! Em Teu Nome Jesus, almas serão alcançadas através das nossas vidas, em Teu Nome, cadeias vão se quebrar, em Teu Nome, Teu Reino se cumprirá com excelência! Jesus, Tu és suficiente em nós! Jesus, eu te amo! ABBA, eu rendo graças a ti, meu coração se rende em gratidão, e que não falte a Palavra viva através da minha vida, das nossas vidas! Troco as palavras que podem ferir por PALAVRAS que salvam, que libertam e que curam! Nada é impossível para ti, e minha vida, nossas vidas, estão em tuas poderosas mãos! Gratidão pastora Patrícia

Pimentell, gratidão à família Embaixadores da Presença, por tudo, e por juntos nos unirmos neste propósito que está gravado em nosso coração! SEM a PRESENÇA somos simplesmente como uma folha seca, caída ao chão! Nós não somos folhas secas, nós somos cheias da PRESENÇA e quem nos direciona é o Espírito Santo de Deus! Aleluia! Novas criaturas nós somos! Aceitamos a Palavra, e vamos prosseguir obedecendo à Palavra! A vida que pulsa em nós pertence ao SENHOR!!! Deus abençoe a você, Paty, e a todo o Exército da Presença, e que a Presença esteja conosco, em todos os nossos dias, até a eternidade! Amém!

Patrícia Luiz Ferraz Corrêa

8

A série conhecendo a Jesus foi extremamente edificante em meu viver e me aproximou ainda mais do meu alvo, também conhecido como Rei dos reis, Mestre dos mestres, Médico dos médicos e Senhor Soberano, Jesus Cristo. Por isso, agradeço à Patrícia Pimentell por esse banquete celestial e real que ela, movida pelo Espírito de Deus, proporcionou durante 40 dias, abençoando e iluminando nossas vidas.

Renata Lourenço

9

Olá, a Paz, meu testemunho é de muita gratidão. Pela presença de Deus e Pai, pela vida da pastora Patrícia Pimentell. Quantas experiências tenho vivido depois desses nossos encontros dos Embaixadores da Presença. E um dos que marcou muito a minha vida foi a *live* nº 34, A alegria de Jesus. Naquela manhã eu estava chateada, doente, mas me levantei para assistir àquela *live*, mas percebia que o inimigo queria muito colocar mais tristeza no meu coração. Tipo, puxa vida, a gente ora, busca, jejua e as lutas são travadas. Mas enquanto estava pensando nisso, a pastora Patrícia disse: "Hoje Deus mudou a minha blusa que seria preta para rosa. Porque preciso falar da alegria de Jesus. Que é a nossa força e nos renova, e um coração alegre está mais preparado para vencer desafios". Nesse momento, não tive dúvidas que seria a resposta de Deus ao meu coração. Quando buscamos a presença, Deus cuida de nós nos mínimos detalhes. Ali eu pude ver o cuidado de Deus sobre a minha vida.

Gratidão, Jocelia

10

Ninguém te convida para que o conheça sem ter o interesse de ter mais intimidade com você. Esse convite do Espírito Santo para participar do propósito de 40 dias conhecendo Jesus, através da minha pastora e amiga Patrícia Pimentell, não só aqueceu o meu coração e me constrangeu em seu amor, como pude ouvir a voz dEle dizer: Filha, eu quero que você tenha intimidade comigo, quero me revelar para você como nunca antes, quero gerar mudanças em seu ser, quero ter acesso total ao seu coração, quero que mergulhe em um nível mais profundo de intimidade comigo, quero te ensinar, quero mudar o seu coração, curar e transformar a sua vida, e assim foi, e tem sido dia após dia.

Nesse propósito aprendi mais sobre Jesus, vivi experiências únicas e fui marcada para sempre nas transformações geradas nesse período por seu poder, graça e misericórdia. A obediência, verdade, perseverança, intimidade, bondade, o serviço ao meu próximo e a constância foram aprendizados que ficaram latentes em meus dias. O Pai procura por verdadeiros adoradores, aqueles que o adorem em Espírito e em Verdade. Deus é o maior interessado em ter um relacionamento sincero de amor e intimidade conosco. Louvo a Deus pela vida da minha pastora e amiga Patrícia e do ministério que Ele confiou a ela, os Embaixadores da Presença. Como tenho sido curada e transformada por Deus através da vida dela! Tenho profunda gratidão a Deus por nos presentear com uma pastora tão cheia do Espírito Santo, amável, ousada, entregue e dedicada. Sou grata por sua entrega e por suas renúncias diárias para estar no centro da vontade de Deus. Grandes coisas estão por vir! Desejo que todas as promessas dEle para a vida dela sejam vividas na sua plenitude, em nome de Jesus.

Simone Rodrigues

11

Nesses 40 dias Jesus nos ensinou como estar próximo Dele e o que devemos fazer para manter a sua presença em nossas vidas. Começamos nosso primeiro encontro aprendendo a sermos obedientes. Esse ensinamento tenho levado para todos os dias da minha vida; passei a ser mais obediente à minha mãe, a meu esposo e no trabalho, mas principalmente obediente a Deus. Ele nos ensinou que Ele é Santo, e devemos ser imitadores dele aqui na terra, sermos humildes, termos mansidão. Nos mostrou que Jesus era simples, até o jumento que ele usou era emprestado. Nos ensinou a sermos gratos e que Ele é suficiente em nossas vidas. Foram dias lindos, buscando conhecê-lo de fato e de verdade, foi sobrenatural. E quanto mais conhecemos, mais queremos a profundidade da sua Presença. Obrigada, Senhor.

Eliane Bulcão

12

Paizinho Amado, hoje eu vim aqui te agradecer por esses 40 dias te conhecendo cada vez mais. Como foi tão importante e desafiador, mas que valeu a pena cada instante. Muito obrigada pelo seu amor e cuidado em primeiro lugar, e também quero te agradecer muito pelo Senhor me ajudar todos os dias, e pelo Senhor ter usado a minha irmã, pastora Patrícia, para nunca desistir de te buscar todos os dias. Não tem coisa melhor nessa vida do que a gente andar nos teus caminhos, a minha vida mudou completamente e eu tenho fé que o Senhor ainda tem grandes coisas para as nossas vidas! Muito obrigada por tanto, Deus, e, minha pastora favorita, Patrícia Pimentel! Que Deus continue te abençoando e iluminando grandiosamente! Te amo incondicionalmente, grande beijo no seu coração!!!

Paula Pimentel

13

Conhecendo Jesus! Falar dos 40 dias de *lives* foi maravilhoso! Eu mudei em tantas coisas durante esses 40 dias, vi a mão de Deus cuidando de cada detalhe, principalmente em ler a Bíblia – eu tinha muita dificuldade, ter uma aliança de oração então, era coisa que nunca pensei na vida e hoje posso dizer que não quero ficar sem, e vejo o quanto uma aliança de oração é tão importante! Aprendi que temos um Pai que enquanto estamos dormindo está cuidando de nós! Aprendi o papel de ser filha de Deus que só basta ser obediente! Eu louvo a Deus pela vida da minha irmã, amiga e pastora Patrícia, que Papai do céu continue te abençoando grandiosamente todos os dias da sua vida!

Ana Paula Pimentel Ishimoto

Compartilhando propósitos e conectando pessoas

Visite nosso site e fique por dentro dos nossos lançamentos:
www.gruponovoseculo.com.br

Ágape

(f) Editora Ágape
(◎) @agape_editora
(y) @editoraagape
(▶) editoraagape

gruponovoseculo.com.br

Edição: 1ª
Fonte: Arnhem